가족 없는 시대

가족 없는 시대

혼자의 삶을
지키는 돌봄의 기록

차해영 지음

오월의봄

정도와 경로의 차이는 있겠지만, '가족은 자연재해'라는 데 동의하지 않는 사람은 드물 것이다. 《가족 없는 시대》는 징그러운 가족사의 과정과 장면들을 세세하고 유쾌하게 서술한 1986년생 청년 여성의 자기 기록이다. 무방비 상태로 겪은 상처와 혼돈을 되새겨보기에는 이른 나이지만, 시종일관 용감하게 직면해낸다. 차해영은 언제나 걸림돌이었던 가족 서사의 구구절절한 대목들에서 가족 너머의 정책과 정치를 조목조목 찾아내고 확장한다. 딴청과 뒷북과 허탕을 반복하는 거창한 정치 말고, 통계로는 절대 알 수 없는 당사자들의 사정과 처지에 주목하겠다는 치밀한 생활정치다. 까짓것 가족 따위 없다 치고 제대로 된 돌봄사회를 함께 만들어가려는 이들에게, 이 탁월하고 꼼꼼한 정치 이야기를 일단 무조건 권한다.

―최현숙, 작가·반빈곤 활동가

상담실을 찾는 이들에게 가족은 안식처라기보다 칼날인 경우가 훨씬 많다. 정상가족 프레임 속에서 상처받고 고통받으면서도 도리어 자책하며 하루하루를 버텨내는 이들이 결코 적지 않다. 이 책의 저자 차해영 역시 예외는 아니지만, 그는 결핍을 비관하기보다 그 빈자리를 새로운 가능성으로 채우는 용기를 발휘한다. 이제 그 용기의 결실인 이 책을, '차라리 가족이 없었더라면 좋았을 텐데'라는 마음을 한 번쯤 품어보았을 당신에게 보낸다. 그가 살아낸 이 삶의 기록들이, 당신에게 자책의 밤을 끝낼 '근거 있는 위로'이자 다른 삶을 꿈꿀 수 있는 '또 다른 희망의 증거'가 될 것이라고 확신한다.

―장재열, 상담가 겸 작가·〈월간 마음건강〉 편집장

집을 떠나 공장 사무실 구석에서 잠을 청해야 했던 열 살 무렵의
그날부터, 병든 아버지를 홀로 돌보고 떠나보내기까지 거쳐온
고군분투의 기록이다. 불현듯 찾아온 아버지의 병으로 병원과
요양원을 전전하는 사이 가족이라는 법적 단위에 돌봄을 송두리째
맡겨버린 사회의 민낯을 보게 되었다. 많은 사람들이 '가족'이라는
관계 형태에 의문을 품고, 그보다 더 많은 사람들이 '정상가족'의
바깥에서 살아가는 시대지만, 우리 사회는 출생과 삶의 과정은 물론
죽음 이후에 이루어지는 추모와 애도까지 여전히 '혈연가족'에
묶어두고 있다. 이런 사회에서 차해영은 다른 고민과 상상을 실천하며
돌봄의 새로운 시작을 예고한다.

—신경아, 한림대학교 사회학과 교수

가족 없는
시대의 질문들

한국은 '가족' 이야기를 참 좋아하는 나라다. 연애에서 시작해 결혼, 이혼, 재혼, 아이 양육까지 인생의 큰 사건들이 대개 가족 서사로 포장된다. 누군가의 집안과 관계는 예능이 되고 드라마가 되고 교양이 된다. 나는 그게 늘 조금 신기했다. 내가 숨기고 싶었던 것을, 세상은 이렇게까지 열심히 꺼내어 보고 있었으니까.

그러나 사실 가족은 불편한 순간에 가장 많이 소환되는 말이기도 하다. 사랑의 이름으로 불리지만, 책임과 감정노동을 떠넘기는 말로도 손쉽게 사용된다. '가족 같은 분위기'는 사적인 헌신과 희생을 당연한 것으로 만들고, '가족이니까 이해해야지'는 설명되지 않은 상처와 불합리를 덮어버리는 면죄부가 된다. '가족끼리 왜 그래'는 가까운 사이일수록 더 참고 인

내해야 한다는 압력처럼 들리기도 한다. 다들 그렇게 가족을 불러대는데, 왜 전혀 좋은 말로 다가오지 않을까. 그 모순이 오래 마음에 남았던 건, 그것이 실은 나의 이야기이기 때문이었다. 내게 가족은 말하고 싶어도 쉽게 입밖으로 낼 수 없는 주제였다.

꼭 가족의 존재를 숨기고 싶었던 것은 아니다. 굳이 말하지 않는 편이 더 낫다고 생각해왔을 뿐. 일단 이야기를 시작하면 어디까지 말해야 할지 몰랐기에 그랬다. 조금만 꺼내놓아도 곧바로 설명이 필요해지고, 설명을 시작하면 또 다른 설명이 꼬리를 문다. 그러다 보면 정작 내가 말하고 싶은 핵심은 흐려지고, 어느새 대화는 '지금의 나'가 아니라 '복잡한 가족사의 정리'로 흘러가버린다. 그래서 나는 종종 침묵을 선택했다. 말하지 않으면, 오해는 좀 남더라도 내 이야기가 '가족관계의 해명'으로 소모되지는 않을 테니까.

**

가족이라는 관계로 나를 설명하고 싶지 않았다. 그 설명 속에서 내가 어떤 사람인지, 어떤 선택을 하는지, 어떤 삶을 살고 싶은지는 정작 뒤로 밀리곤 했다. 그런 상황을 어떻게든 피하고 싶었다. 가족이라는 배경 없이 그저 나로서 말하고 싶었다. 그러나 한국사회에서 가족은 선택지가 아니라 기본값이다. 내가 침묵을 선택한다 해도 사회는 그 선택을 허락하지 않는다. 삶의 중요한 순간마다 시스템은 늘 가족을 앞세워 묻고 요구한다.

급작스레 아빠의 돌봄을 떠맡게 되고, 그 이후로 장례와 상속 절차까지 치르는 동안 나는 '가족' '보호자' '법적 대리인'으로 수차례 호명됐다. 처음 겪는 일들이었고, 그 호명이 낯설면서도 무거웠다. 나의 감정이나 관계의 현실은 묻지도 않은 채 감당하기 어려운 의무들을 한꺼번에 쏟아내는 이름들이었다. 호명의 반복은 내가 마주한 문제를 단지 슬픔이라는 말로 납작하게 설명할 수 없다는 것을 깨우쳐주었다. 나를 짓눌렀던 것은 가족이 기본값으로 설계된 사회에서 '혼자'로서 감당해야 하는 몫 자체였다.

불편했던 것은 가족 그 자체라기보다 가족이 기본값이 되는 방식이었다. 돌봄과 의료, 장례와 상속, 주거와 행정 절차의 출발점이 한 명의 개인이 아닌 가족관계로 설정된 구조. 누군가는 그 구조를 아무런 문제 없이 매끄럽게 통과할 수 있지만, 누군가는 매번 사정을 설명해야 하고, 또 다른 누군가는 애초 진입조차 할 수 없다. 특히 법적 가족이 없거나, 있더라도 실질적으로 혼자이거나, 가족이 제 역할을 하지 못해 방치된 사람에게는 같은 절차더라도 훨씬 버거울 수밖에 없다.

이때 선택지는 급격히 줄어든다. 병원은 보호자의 동의를 요구하고, 돌봄은 가족이 맡는 것으로 먼저 짜인다. 장례와 상속 절차도 '가족이 알아서'라는 원칙 아래 자동으로 진행된다. 제도가 어느 정도 마련되어 있다고 해도, 그 제도에 닿기까지 요구되는 서류와 증명, 관계의 요건은 또 다른 벽이 된다. 반대로 책임은 명백히 한 사람에게 쏠린다. 치료와 간병의 결정, 응급 연락, 서류 발급과 제출, 장례 절차, 그 후에 이어지는 정산과 신고, 상속에 대한 법적 선택과 후속 처리까지. 누군가는 그것을 나눌 가족이 있지만, 누군가는 같은 일을 혼자 끝까지 떠안는다.

이 책이 이야기하는 '가족 없는 시대'란 가족이 완전히 사라진 시대를 뜻하지 않는다. 오히려 가족이라는 장치가 더 강하게 작동하는 시대에 가깝다. 그렇다고 해서 가족을 무조건 해체하자고 이야기하려는 것은 아니다. 덮어놓고 비난하자고 이야기하려는 것도 아니다. 나는 오히려 가족을 사랑하는 사람들이 더 안전해지길 바란다. 그 사랑을 이유로 의무와 희생을 강요받지 않도록 말이다. 돌봄과 각종 보호자 동의, 장례와 행정, 비용과 책임이 한두 사람에게 쏠리고, 그 과정에서 관계가 무너지는 일이 조금이라도 덜 일어났으면 한다. 다만 가족이 없는 사람도, 가족이 있지만 실질적으로 혼자인 사람도 위기의 순간에 무너지지 않고 삶을 잘 꾸려갈 수 있는 사회에 대한 상상력 역시 필요하지 않을까?

*
**

이 책에는 내가 아빠를 돌보며 통과했던 여러 순간들이 등장한다. 행정이 요구하는 온갖 서류와 확인 절차, 말끔한 규정 속에서 번번이 가로막히는 한 사람의 삶, '가족이 있으니까'라는 말 뒤에 숨겨진 책임과 고립. 뜻하지 않은 돌봄과 예상치 못한 장례를 치르며 나는 종종 내가 슬픔보다 더 자주 마주한 감정이 무엇이었는지 깨달았다. 상실도 있었고 분노도 있었지만, 그보다 오래 남은 건 혼자 모든 것을 떠안아야 한다는 무게감이었다. 누군가에게는 함께 헤쳐나갈 수 있는 일이, 나에게는 처음부터 끝까지 혼자만의 일로 남겨졌다.

그 몫을 혼자 떠안게 된 과정을 시간의 순서에 따라 기록했다. 가족과 함께 살던 시간, 독립해 나와 혼자 살게 된 시간, 혼자의 삶을 연습하며 나만의 생활을 만들어가던 시간, 그리고 돌봄이라는 사건을 통해 원치 않게 다시 가족과 연결되었던 시간. 마지막으로 장례와 상속 절차를 통과하며 결국 또다시 혼자 남아 모든 것을 정리해야 했던 시간까지. 내가 지나온 길은 특별하거나 예외적인 사건의 연속이라기보다 대부분의 사람들이 언젠가 마주하게 될 문제들에 가깝다. 나는 감당할 수 없이 마구잡이로 쏟아진 문제들 속에서 헤매야 했다.

그리고 무너지지 않기 위해 나름의 방식으로 버텼다. 사소해 보이는 일들에서 의미를 찾고, 내가 겪은 것들을 기록하고, 동의되지 않는 부분들을 질문하고, 끝내는 정치와 제도의 언어로 다시 말해보려 했다. 그것은 개인이 감당하던 일을 사회의 질문으로 바꾸는 작업이었다. '왜 나만 이렇게 어렵지?'라는 탄식을 '왜 이 구조는 누군가를 매번 막아 세우지?'라는 질문으로 바꾸는 것. 내 이야기의 도착지는 결국 '나'가 아니라 '우리'였다.

혼자더라도 아플 때 보호자 유무와 상관없이 의료나 돌봄 서비스를 제때 받을 수 있는 삶. 내가 지정한 사람이 응급 연락을 받고, 필요한 동의와 의사결정에 참여하며, 행정 절차에서 법적 가족이 아니라는 이유로 번번이 가로막히지 않는 삶. 나이 들어서도 존엄을 잃지 않고, 죽은 뒤에도 내 뜻에 따라 필요한 절차가 진행되고, 내가 원하는 모습으로 기억되는 삶. 더 나아가, 구구절절 맥락을 설명할 필요 없이 존중받는 삶. 내가 바라는 건 거창한 이상이 아니라 기본값을 다시 설정하는 일이다. '가족'이 아닌 '사람'이 기본값이 되는 사회.

＊
＊＊

가족이 없을 때도, 가족이 있지만 혼자일 때도, 가족이 흩어지거나 해체되는 순간에도 우리는 다른 이들과 연결될 수 있을까. 그러려면 어떻게 해야 할까. 물론 이 질문들에 대해 아직 그럴듯한 답을 완성하지는 못했다. 대신 내가 지나온 길에서 발견한 질문들을 가능한 한 솔직하게 펼쳐놓고 더 많은 이들과 나누고자 한다. '나만 이상한 게 아니었구나'라고 숨을 한

번 고르거나 '개인의 문제가 아니라 구조의 문제였구나'라고 사고를 전환할 수 있는 계기가 되면 좋겠다. 무엇보다 '나도 도움을 요청해도 되는 사람'이라는 감각을 되찾게 해주는 책이 되었으면 한다.

가족 없는 시대를 어떻게 맞이하고 살아갈 수 있을까? 그저 혼자 버티는 법을 더 잘 배우는 것으로 충분할까. 아니면 혼자더라도 아플 때 도움이나 지원을 제공해주는 제도에 닿을 수 있고, 나이 들어서까지 존엄을 잃지 않으며, 죽은 뒤에도 내 뜻이 존중되는 사회를 만들어가야 할까. 이 책은 그런 사회를 지어가기 위한 여정이다.

이제 나의 이야기를 시작한다. 가족을 이야기하지 않기 위해 결국 다시 가족을 이야기하게 된 한 사람의 기록이 우리의 다음 설계를 위한 단초가 되기를 바란다.

1.

기본값
못하는
가족

보이지 않는 가족

'가족'이라는 기본값이 작동하지 않을 때, 우리는 어떤 삶을 살아가야 할까. 한국사회에서 가족은 거의 모든 사회적, 행정적인 절차에서 필수적으로 요구되는 전제다. 가족관계증명서를 비롯해 학교에 제출하는 각종 서류, 병원의 보호자 동의서, 직장의 비상연락처까지 가족은 언제나 당연한 존재로 호출된다. 그러나 내 삶에는 애초부터 그런 기본값이 존재하지 않았다.

나는 늘 가족이라는 단어 앞에서 망설였다. 서류상으로 보면 분명 없다고 할 수 없었지만, 현실 속 가족은 정작 잘 보이지 않는 모호한 실체였다. 유년 시절, 나는 겉보기에 부족함이 없는 유복한 환경에서 자랐다. 침대방과 공부방, 피아노방까지 갖춰진 집에서 살았고, 옷은 늘 백화점 아동복 매장에서

골라 입었다. 생일이나 크리스마스가 다가오면 부모님은 미리 선물을 준비했다. 그 시절의 나는 남들이 부러워할 만한 아이였고, 우리 가족은 드라마 속 가족처럼 무엇 하나 부족한 것 없이 완전해 보였다.

외가는 명절이면 늘 사람들로 북적였다. 여섯 남매 중 둘째였던 엄마의 형제자매들이 모두 외갓집에 모였고, 마당 한쪽의 큰 감나무와 포도 덩굴 아래는 우리 사촌들의 놀이터였다. 그곳에서 뛰놀던 순간만큼은 가족이라는 이름이 따뜻하고 든든하게 다가왔다. 웃음소리와 음식 냄새, 좁은 방마다 가득 찬 사람들의 기운은 어린 나에게 세상이 환하고 안전하다는 확신을 주었다. 그러나 이제 그 기억은 희미한 수채화처럼 아득하게만 남아 있다. 부모님의 이혼 이후, 모든 풍경은 서서히 빛을 잃고 흐릿해졌다.

엄마, 아빠, 아들, 딸. 이런 구성을 흔히들 '정상가족'이라고 부른다. 한때 나도 그런 가족을 가진 적이 있다는 사실을, 아빠의 입원 절차를 준비하면서 처음 알게 되었다. 가족관계증명서를 떼면서 나보다 다섯 살 위인 오빠의 이름을 발견했다. 그제야 남자 한복과 여자 한복을 번갈아 입고 찍었던 나의 돌 사진이 이해되었다. 오빠는 내가 태어나기 전에 돌도 채 지나지 않아 세상을 떠났던 것이다.

직접 서류를 확인하기 전까지 나는 오랫동안 그 사실을 알지 못했다. 부모님은 오빠의 존재를 철저히 감췄고, 그 부재를 드러내지 않으려 했다. 존재했던 가족이 어느 순간 흔적도 없이 사라졌고, 부모님은 그 상처를 덮은 채 살아갔다. 가족의 서류를 마주하기 전까지는 내 삶에 그런 빈자리가 있었다는 사실조차 알 수 없었다.

부모님은 나를 낳은 뒤에도 아이를 더 가지려 애썼다. 그들의 어린 시절 한국사회는 "딸 아들 구별 말고 둘만 낳아 잘 기르자"라는 구호 아래 두 자녀를 권장하는 산아제한 캠페인이 한창이었다. 1960~1970년대 내내 정부는 출산 억제를 강조했지만, 사회 전반에 깊숙이 뿌리박힌 남아선호는 여전히 흔들리지 않았다. 1980년대 들어서는 한 자녀 가정이 늘어나면서 "잘 키운 딸 하나 열 아들 안 부럽다"라는 표어까지 등장했지만, 현실의 가치관은 크게 달라지지 않았다. 그런 시대 분위기 속에서 우리 부모 역시 더 많은 자녀, 특히 아들을 원했을 것이다. 그들의 바람을 충족시키지는 못했지만, 어쨌거나 나는 "잘 키운 딸 하나 열 아들 안 부럽다"를 체현한 K-외동딸로 자라났다.

넷플릭스 드라마 〈폭싹 속았수다〉는 제주라는 섬을 배경으로 1960년대부터 이어져 내려오는 3대 해녀 가족의 삶을 그린다. 시대의 격동 속에서도 이어지는 사랑과 인내, 가족애를 그린다. 한국적 정서를 담아내면서도 '인간'과 '가족'이라는 보편적인 주제를 택해 전 세계 시청자들에게 깊은 울림을 준 듯하다.

나는 드라마를 보는 내내 복잡한 감정에 사로잡혔다. 등장인물이 아빠에게 미안하다며 눈물을 흘리거나, 서로의 고단한 삶을 감싸 안는 장면이 나로서는 공감하기 어려웠다. 그런 감정을 자연스럽게 경험할 수 있는 사람들이 있다는 사실에 다시 한번 쓸쓸함을 느껴야 했다. 누군가에게는 그게 일상이었으니까. 그러나 나와는 너무 먼 이야기처럼 느껴졌다. 나는 가족 드라마를 마음 편히 감상한 적이 거의 없었다. 화면 속 인물들이 보여주는 끈끈한 가족애는 내가 단 한 번도 제대로 누려본 적 없는 감정이었기 때문이다.

특히 부모의 사랑을 듬뿍 받으며 자란 '금명'이가 성장 과정에서 겪는 고통과 좌절은 안쓰럽게 그려진다. 많은 시청자들이 이 드라마에 열광했던 것도 그런 이유가 아니었을까. 그러나 내게는 그조차 복에 겨운 아픔처럼 보였다. 사랑받고 지지받는 토대 위에서 힘들어할 수 있다는 것 자체가, 내가 살아온 환경에서는 상상하기 어려운 일이었기 때문이다. 금명이의 눈물은 허락된 슬픔처럼 보였고, 그 순간 내 삶의 빈자리가 더 크게 느껴졌다.

우리 사회는 오랫동안 정상가족이라는 모델을 이상적인 기준으로 제시해왔다. 화목한 가정, 부모 자식 간의 끈끈한 애정, 명절마다 온 가족이 모여 밥을 나누는 풍경은 미디어를 통해 끊임없이 재현되었다. 반면 그 틀에서 벗어난 사람들은 아무렇지 않게 소외되고, 스스로를 결핍된 존재로 여기게 된다.

 가족 없는 시대

나 역시 그랬다. 각종 드라마에서 가족 이야기를 접할 때마다, 사람들이 당연하게 누리는 감정이 내 삶에는 결여되어 있다는 사실을 확인해야 했다. 그 상실감은 매번 조금씩 다른 형태로 찾아왔다.

어느 순간부터 가족은 내 삶의 기본값이기를 멈췄다. 법적으로는 여전히 가족이었지만, 실질적으로는 아무런 역할을 하지 못했다. 가족은 점점 더 얄팍하고 투명해졌고, 그 이름에서 어떤 안정감도 느낄 수 없었다. 사회는 가족이 개인을 보호한다고 믿지만, 그 강고한 전제가 무너질 때 책임은 고스란히 개인에게 전가된다. 나의 경험은 단순히 한 개인의 불행이 아니라, 여전히 혈연 중심의 제도만을 기준으로 삼는 한국사회가 가진 구조적 문제의 한 단면이었다. 나와 같은 삶은 쉽게 가려지거나 애써 예외로 취급된다. 그리고 이것은 결코 나만의 이야기가 아니다.

내가 다른 사람들보다 유독 더 힘들게 살아왔다고 말하려는 것은 아니다. 누군가와 불행을 비교하거나 경쟁하려는 것도 아니다. 그저 내 삶에서 건져 올린 구체적인 언어를 누군가와 나누고 싶을 뿐이다. 가족이라는 틀에서 벗어난 사람들이 어떻게 살아가야 하는지, 가족이 더 이상 개인의 삶을 보장하지 못하는 시대에 우리가 어떻게 서로를 돌보고 지켜나갈 수 있는지를 함께 고민하고 싶다.

이제 더 이상 가족의 틀에 갇혀 살지 않으려 한다. 가족의 부재는 나를 한결 더 단단하게 만들어주었다. 그 경험 덕택에 나에게 부여된 역할을 벗어나 독립적인 존재가 될 수 있었다. 이제는 그 삶을 나누며, 가족이 아닌 새로운 이름으로 불릴 수 있는 관계와 공동체를 찾아가고 싶다.

되돌릴 수 없었던 방향

'엄마가 좋아? 아빠가 좋아?' 부모나 주변 어른들은 아이들에게 이 질문을 지겹게 반복한다. 비슷한 듯 비슷하지 않은 질문으로는 '만약에 엄마랑 아빠랑 헤어지면 너는 누구랑 살거야?'를 떠올릴 수 있다. 아이들에게 농담 삼아 하는 이 질문을 실제로 그 상황이 닥쳤을 때 내뱉는 경우는 거의 없다. 서로 헤어지기로 한 순간에 부모는 나에게 의사를 묻지 않았다. 열 살 무렵, 나는 아무런 설명도 듣지 못한 채 그저 아빠를 따라 집을 떠나야 했다. 아빠는 한 손에 이불을 들고, 다른 한 손으로는 내 손을 움켜쥔 채 집을 나섰다. 엄마는 우리가 살던 집에 홀로 남겨졌다.

아빠는 나를 공장 사무실로 데려왔다. 그곳이 나의 새로운 집이 되었다. 공장 사무실 한쪽에 있던 테이블과 소파를 붙여 잠자리를 만들었다. 공부방, 침대방, 피아노방. 방만 세 개였던 삶이 하루아침에 끝나버렸다. 마치 극기훈련에 내던져진

     가족 없는 시대

느낌이었다. 처음 며칠 동안은 곧 있으면 집에 다시 돌아갈 수 있을 거라고 안일하게 생각했던 것 같다. 그러나 공장 사무실 생활은 꽤 오래 지속됐다. 얼마 후 아빠는 방 한 칸짜리 집을 구했고, 우리는 그곳에서 살게 되었다.

가끔 만난 부모가 내 앞에서 큰소리를 내며 다툴 때마다, 나는 그 싸움이 나 때문에 벌어진다고 생각했다. 부모가 나를 교육하거나 혼내기 위해 일부러 벌이는 연극 같은 것이라고. 내가 나도 모르는 잘못을 저질렀기에 그런 일이 반복되는 것이라고. 그래서 내가 무엇을 잘못했는지 곰곰이 떠올려보곤 했다. 이제 와 생각하면 어이없는 착각이지만, 당시 내게 부모는 세상의 전부였고, 그들이 다투는 이유를 이해할 수 있는 방법은 오직 그뿐이었다.

불화의 원인은 아빠의 외도에 있었다. 외도 사실을 알게 된 엄마는 아빠의 마음을 돌리기 위해 애썼다. 그러나 아빠의 마음은 이미 다른 곳에 가 있었고, 엄마의 노력은 점점 무의미해져갔다. 아빠는 외갓집 식구들이 결혼하거나 독립할 때마다 장롱이나 거울 등 필요한 것들을 아낌없이 보내주는 사람이었다. 이제 가족에게 잘하던 다정한 아빠는 사라지고, 자신이 원하는 삶을 위해 떠나가려는 낯설고 이기적인 한 사람이 서 있었다. 나는 아빠가 선택한 삶의 방향을 되돌릴 수 없었다.

IMF가 터지면서 아빠가 운영하던 공장이 위태로워졌다. 상위 업체와 협력 업체들이 연달아 부도를 맞은 것이다. 아빠는 꽤 큰 경제적 타격을 입었다. 경제적으로 버틸 수 없었던 아빠는 어느 날 차에 내 짐을 모두 싣고 무작정 엄마를 찾아갔다. 형편이 나아지면 다시 나를 데리러 오겠다고 그때까지만 맡아달라고 부탁했지만, 엄마는 단칼에 거절했다. 나는 두 사람이 내 면전에서 나를 키우는 게 얼마나 힘든지 토로하는 것을 조용히 듣고 있었다. 그들에게 짐이 되고 싶지 않았지만, 그때는 그 방법을 알지 못했다.

시간이 흘러 두 사람이 하는 말들이 사실 나를 향한 것이 아니라 각자 삶의 어려움에서 비롯된 것임을 알게 되었지만, 그날의 상처는 오래도록 남았다. 당시 나이가 꽤 어렸던 엄마는, 훗날 아빠한테 내가 있으면 아빠가 다시 돌아올 줄 알았다고 속마음을 털어놓았다. 엄마의 마음을 모르는 것은 아니었지만, 그 이후로 나는 너무 많은 '엄마들'을 만나야 했다. 내 삶이 어느 방향으로 향할지 한 치 앞도 모른 채로 살아갔다. 몇 시간에 걸친 언쟁 끝에 아빠는 결국 내 손을 잡고 다시 집을 나섰다.

아마도 당장 나를 어떻게 해야 할지 몰랐던 것 같다. 얼마 지나지 않아 아빠는 나를 지인의 집에 잠시 맡겼다. 그곳은 내가 전혀 알지 못하는 낯선 집이었다. 그 집에는 아이들이 많았고, 나는 그들과 어울리기 위해 최선을 다했다. 그들이 하는 일을 따라 하고 그들이 원하는 걸 함께했다. 내가 나름대로 잘하려고 했던 일이 그들의 기준에 어긋나기라도 하면 차라리 안

가족 없는 시대

하는 것만 못한 일이 되었다.

아빠는 납품을 하러 갈 때면 나를 차에 태우고 업체 근처 놀이터에 내려놓고 갔다. 그때마다 나는 두려웠다. '아빠가 다시 돌아오지 않으면 어떡하지?' 마음 한구석에서 그 생각이 떠나지 않았고, 놀이터에서 홀로 기다리는 시간이 한없이 길게 느껴졌다. 아빠가 언제 올지 알 수 없었기에, 하루하루를 긴장과 불안 속에서 보내야 했다. 내가 선택할 수 있는 건 아무것도 없었다. 오직 견디는 것밖에.

마침내 아빠가 나를 데리러 왔을 때, 이제야 좀 마음을 놓고 살 수 있겠다고 생각했다. 엄마 없이 아빠와 단둘이서라도 좋으니, 더 이상 낯선 곳을 전전하지 않고 살고 싶었다. 하지만 뜻밖의 현실이 나를 기다리고 있었다. 아빠가 처음 보는 한 여자와 함께 나를 데리러 온 것이다. 엄마의 희망과 달리 위로가 필요했던 아빠는 본인을 보듬어줄 다른 사람을 찾아냈다.

나는 늘 그런 위치에 놓여 있었다. 가족의 문제나 부모의 선택에서 철저히 배제된 채 살아왔다. 누군가가 정해놓은 방향에 따라야만 했던, 스스로 선택할 수 없었던 그 시간들은 나를 좀 더 단단하게 만들어주었다. 스스로를 지키기 위해 애쓸 수밖에 없었던 경험들은 내가 스스로 삶을 꾸리고 선택할 수 있는 위치가 되었을 때 큰 힘이 되어주었다.

떠난 사람, 떠안은 짐

그 시절, 어떤 단단한 껍질 같은 것이 나의 삶을 감싸주고 있다고 믿었다. 추첨제를 통해 학생을 선발했던 사립초등학교에 다니며 여름이면 바다로 수영을 하러 가고, 겨울이면 스키장에서 스키를 즐겼다. 전화영어로 아침을 시작했고, 피아노와 수영 수업을 받고 태권도 학원에도 다니며 바쁜 일상을 보냈다. 주말이면 부모님과 함께 볼링장을 찾았고, 내 손에 맞춰 제작한 볼링공도 가졌다. 가족이 함께했던 그때 그 모든 것은 부모님이 만들어준 당연한 삶의 일부였다. 세상 모두가 누리는 지극히 평범한 일상이라고 여겼다.

나는 드레스를 입고 학교에 가곤 했다. 머리는 당시 유행하던 '부메랑 파마'로 곱게 말았고, 엄마가 아침마다 긴 머리를 정성껏 손질해주었다. 스쿨버스를 타고 내릴 때도, 엄마가 늘 배웅해주거나 마중을 나왔다. 엄마는 그 누구보다 활발하고 열성적인 학부모였다. 걸스카우트 활동은 물론, 분재와 베이킹 수업까지 빠짐없이 참여하며 선생님들 사이에서도 열성적인 엄마로 통했다. 체육대회 날에는 햄버거를 단체로 주문해 친구들에게 나눠주기도 했다. 돌이켜보면 엄마는 제법 강렬한 치맛바람을 날리고 있었던 것 같다.

그 평탄한 삶은 부모의 이혼으로 한순간에 무너져 내렸다. 불과 어제까지 내 곁에 있었던 모든 것이 순식간에 사라졌

 가족 없는 시대

다. 엄마와 함께했던 화려하고 여유로웠던 순간들은 더 이상 찾아오지 않았다. 아빠와 단둘이 남게 되면서 내 삶은 완전히 다른 색으로 변하기 시작했다. 가장 먼저 바뀐 것은 외모였다. 길었던 머리는 점점 짧아졌다. 방에 머리카락이 떨어지는 것을 유난히 싫어했던 아빠는 나를 미용실로 데려가 단발로 잘라버렸다.

아빠는 공장을 운영하며 바쁘게 일했다. 돌봄을 감당할 여력이 없던 아빠는 나를 종일반 학원에 맡겼다. 학교 앞 기사식당에 돈을 맡겨놓고는 알아서 저녁을 해결하도록 했다. 메뉴는 늘 돈가스 한 가지였다. 균형 잡힌 식사는커녕 일상적인 돌봄조차 받기 어려웠다. 깔끔하고 세련된 외모는 점점 말끔함이 사라진 모습으로 변해갔다. 어깨 위에는 하얗게 비듬이 쌓였고, 체중은 눈에 띄게 불었다. 내 모습이 점점 달라지고 있다는 걸 나 역시 알 수 있었다. 아직 어린 나이였지만, 삶이 전혀 예상치 못한 방향으로 흘러가고 있다는 감각만은 또렷했다.

그렇긴 했지만 아빠는 자신만의 방식으로 사랑을 표현했다. 장거리 통학을 해야 했던 나를 위해 혼자 버스를 타는 연습을 시켰고, 직접 차를 몰고 내가 탄 버스를 따라와 정류장에서 잘 내리는지 끝까지 지켜보았다. 학교에서 사용하는 알림장은 인쇄소에 직접 맡겨 제작해주었고, 그 시절 아이들 사이에서 유행하던 휴대용 게임기 '게임보이'도 사주었다. 바쁜 와중에도 나무를 깎아 장총 모양의 장난감을 만들어주었고, 매일 아침이면 나를 깨우고 씻긴 뒤 학교에 데려다주었다. 아빠도 자기 나름의 방식으로 나를 돌보고 있었다는 걸 지금에서야 깨닫는다. 그 시절의 나는 그 또한 사랑임을 이해하지 못했다.

아빠의 사랑은 이따금 파괴적인 방식으로 표출됐다. 학원에서 게임보이를 잃어버린 날이었다. 정확히는 잃어버렸다기보다 학원 친구들에게 잠깐 빌려줬는데 게임보이 본체만 돌려받았다. 같이 들어 있던 확대경과 게임팩은 분실된 채로 말이다. 화를 참지 못한 아빠가 가방으로 내 머리를 내리쳤고, 그 충격에 게임보이는 부서졌다. 내가 울음을 터뜨리자 아빠는 그제야 망가진 게임보이를 본드로 다시 붙여주었다. 어린 나로서는 아빠의 그런 행동을 도무지 이해할 수 없었다. 사랑과 분노, 보살핌과 폭력의 경계에서 큰 혼란을 겪어야 했다.

또 다른 날에는 공장 근처에서 놀다가 넘어져 유리 조각에 손을 심하게 다쳤다. 아빠는 피가 흐르는 손을 보더니 괜찮냐는 말 대신 왜 조심하지 않았느냐며 크게 다그쳤다. 삶의 여유를 잃은 아빠는 애지중지하며 키우던 딸을 점점 더 거칠게 대하기 시작했다. 나를 세심히 돌볼 여력이 없는 아빠의 처지를 이해하지 못하는 것은 아니지만, 그런 말 한마디, 행동 하나가 평생 잊지 못할 만큼 너무 깊게 박혔다.

학교에서 처음으로 성교육을 받은 날이 기억난다. 생일선물로 받은 빨간 딸기 초콜릿을 먹고 생리를 시작한 여자아이가 등장하는 비디오를 보았다. 그 아이는 생리가 무엇인지 몰

가족 없는 시대

랐다. 혹시 딸기 초콜릿을 먹고 자기 몸이 무언가 잘못된 건 아닐까 걱정하며 아무에게도 말하지 못했다. 그러다 아이의 엄마가 그 사실을 알게 되었고, 엄마는 딸에게 생리를 할 때 어떻게 해야 하는지를 알려주었다. 그리고 가족들은 아이의 첫 생리를 축하해주었다.

며칠 뒤 나도 처음으로 생리를 했다. 학교에서 성교육을 받은 직후였기에 생리가 시작되었다는 걸 직감했지만, 실제로 생리용품을 사용하는 데는 어려움이 있었다. 그렇다고 아빠에게 물어볼 수도 없었다. 아빠도 잘 알지 못할 것이 뻔했으니까. 고민 끝에 나는 아빠의 공장에서 일하는 아주머니 한 분에게 도움을 청했다. 그렇게 생리대를 하는 법을 배웠다. 시간이 지날수록 아빠에게 배울 수 없는 것들이 점점 더 많아졌고, 아빠가 나에게 해줄 수 없는 것들 역시 늘어갔다.

나는 아빠의 아빠, 그러니까 나의 할아버지가 아빠가 열다섯 살 무렵 세상을 떠났다는 사실을 알게 됐다. 그 후 할머니는 재혼을 했고 그 과정에서 아빠는 독립을 했다. 부모에게 사랑받고 자란 경험 자체가 없었을 것이다. 그러니 자식을 어떻게 대해야 하는지도 몰랐던 것도 당연했다. 아빠에게도 '부모 역할'은 처음이었으니까.

돌아보면 그때의 우리는 한국사회가 정한 한부모가족 지원 제도의 사각지대에 있었다. 당시에도 한부모 가족을 위한 제도는 존재했지만, 1989년 제정된 모자복지법은 저소득 여성 한부모 가정을 중심으로 설계된 제도였고, 따라서 남성 한부모가정은 제도에 접근하기가 훨씬 어려웠다. 지원은 이후에 조금씩 확대되었다. 1992년에는 자녀 학비·양육비 지원이 추가되었고, 1995년에는 '자녀 지원'이 남성 한부모가족에게까지 확대되었다. 그럼에도 별반 효력은 없었던 것 같다. 공장을 운영하는 아빠에게 주변을 돌아볼 여유가 없기도 했고, 무엇보다 그 모든 지원에 여전히 '저소득'이라는 문턱이 있었다. 공장을 운영하던 아빠는 당연히 그 기준에 해당하지 않았고, 돌봄의 책임을 홀로 질 수밖에 없었다. 만약 그때 우리 가정이 정부의 지원을 받을 수 있었다면, 복잡하고 다사다난했던 나의 유년 시절도 조금은 나아졌을까?

아빠는 스스로의 선택으로 엄마의 곁을 떠나며 가족의 무게를 몰아서 졌다. 어린 나로서는 이해하기 어려운 무거운 짐이었다. 어른이 되어 돌이켜보니 나는 그 시절 아빠의 사랑과 무관심, 보살핌과 방치 사이에서 끊임없이 혼란스러워했던 것 같다. 풍요로웠던 과거의 삶과 빈곤한 현재의 삶 사이의 간극이 너무 컸기 때문에 더욱 혼란스러웠다.

지금의 나는 그때보다 강해졌고, 혼자서도 당당히 설 수 있게 되었다. 이따금 그때의 무게에 다시금 짓눌릴 때도 있지만, 혼란과 상처, 무겁게 짊어졌던 책임들은 나의 지금을 만든 중요한 경험이기도 하다. 이제는 그 무게를 단지 개인적인 고통으로만 간직하는 대신, 더 많은 이들이 가족이라는 이름 아

　　　　　가족 없는 시대

래에서 고립되지 않도록 사회구조를 바꿔보고 싶다.

그래서 나는 이 이야기를 꼭 혈연으로 맺어진 가족이 아니더라도 서로를 돌볼 수 있는 관계가 가능하다는 것, 그리고 돌봄의 책임이 한 사람에게만 몰리지 않도록 받쳐주는 제도가 필요하다는 것을 제안하는 방향으로 이어가고 싶다. 내가 한때 감당해야 했던 버거운 의무와 책임이 누군가에게 또다시 같은 방식으로 쏠리지 않도록, 적어도 그 무게가 만들어지는 구조를 의심하고 다른 길을 상상해볼 수 있도록 말이다.

낯선 이들과의 가족극

내 인생에서 가족이란 자꾸만 주인공이 바뀌는 연극 무대와 같았다. 주연급 배우들은 수시로 교체되었고, 나는 매번 출연하지만 새로 영입되는 배우들에 따라 캐릭터를 다시 부여받아야 하는 조연에 가까웠다. 1999년, 프랑스 예언가 노스트라다무스가 지구 종말을 예언했다는 바로 그해였다. 그 예언은 결국 빗나갔지만, 어쩌면 종말이 우리 가족에게로 향했는지도 모르겠다. '원가족'이라는 무대는 끝이 났고, 대신 아빠가 아들이 있는 여성과 함께 사는 것을 택하면서 낯선 가족극의 막이 본격적으로 올랐다.

당시 언론 등에서는 재혼 가정이 증가한다고 호들갑을 떨었지만, 내 주변에서 체감되는 변화는 거의 없었다. 아빠는 내가 친구 집에 놀러가는 것을 달가워하지 않았고, 친구를 우리 집으로 데려오는 일 역시 상상조차 할 수 없었다. 한 시간이 넘는 긴 통학 거리 탓에 가까운 친구를 사귀기도 어려웠다. 학교에서는 언제나 명확한 가족관계를 질문받는 일이 많았다. 하지만 나는 복잡한 가족 상황을 설명하는 대신, 그저 외동이라 둘러대며 부모님의 이혼 사실을 숨겼다. 가족관계증명서에 등록된 가족과 집에서 실제로 마주하는 사람이 달랐기 때문이다. 아빠는 재혼한 것이 아니라 누군가와 사실혼 관계에 있었고, 서류에 드러나지 않는 그 관계를 설명할 길은 없었다.

새로운 사람들과 한집에 살게 될 때마다 그들의 성향부터 파악해야 했다. 사소한 실수 하나로 낯선 무대에서 쫓겨날 수 있는 사람처럼 끊임없이 눈치를 봤다. 처음으로 새엄마 역할을 맡은 사람과 살게 되었을 때는 '엄마'라는 말이 도저히 입 밖으로 나오지 않았다. 엄마에 대한 배신처럼 느껴졌기 때문이다. 그런 나에게 아빠는 새엄마를 '엄마'라고 부르길 종용했고, 막상 뱉어내니 아무 의미가 담기지 않은 말이 됐다.

내가 어렸을 때만 해도 아빠는 내게 각별한 애정을 쏟았던 것 같다. 내가 조금이라도 다치면 함께 있던 사람에게 왜 나를 제대로 돌보지 않았는지 크게 나무랄 정도였단다. 이모와 목욕탕에 갔을 때 온탕에서 화상을 입은 적이 있었는데, 그때도 아빠는 크게 화를 내며 이모를 책망했다. 그랬던 아빠가 어느 순간 나보다 새엄마를 우선하기 시작했다. 추운 날에는 너는 추위를 안 타지 않느냐며 새엄마에게 겉옷을 벗어주라고 서슴없이 말했고, 밥을 먹을 때면 너는 이미 많이 먹지 않았냐며 그녀에게 음식을 양보하길 원했다. 어느 날의 나는 조연조차 아닌 그들의 매니저였다.

새엄마에게는 비밀이 여럿 있었다. 나와 비슷한 나이인 아들의 존재는 그중 가장 큰 비밀이었다. 사실 그녀의 아들은 내 친구 J였다. J는 내가 잠시 맡겨졌던 아빠 지인의 집에 종종 놀러오곤 했다. 그녀를 처음 보았을 때 J의 엄마가 아니냐고 물었지만 무슨 연유인지 그녀는 그 사실을 숨겼고, 전남편과 지내던 J를 데리고 와야 하는 상황이 되어서야 나에게 사실을 털어놓았다. 이것 말고도 그녀에게는 또 다른 비밀이 있었다. 본인은 끝까지 숨겼다고 생각했겠지만 나는 알고 있었다. 그녀가 피임약을 먹고 있다는 사실을. 그녀에게 새로운 가족계획은 없었다.

어찌되었든 그녀의 아들 J는 내가 사는 집으로 들어왔다. J의 아빠, 즉 그녀 전남편의 형편이 어려워지기도 했지만, 그가 엄마와 살기를 희망했던 듯했다. 그렇게 J는 내가 다니고 있는 학교로 전학을 왔다. 같은 집에 살고 같은 학교를 다녔지만 J와 나는 둘 다 가정사를 숨기고 서로를 먼 사촌지간으로 말하고 다녔다. 우리 둘 다 외동이었다. 학교에서 친구들이 언니, 오빠, 형, 누나, 동생에 대해 이야기할 때면 그저 잠자코 있을 수밖에 없었다.

가끔씩 다가오는 명절과 가족 행사 때는 늘어난 관객 앞에서 맡은 역할을 충실히 수행했다. 완벽한 연기였다. 나는 새엄마의 식구들에게 그녀가 아빠와 잘 살고 있으며, J와 나 역시 이 새로운 가족에 잘 적응하고 있다는 것을 보여주어야 했다. 그녀의 가족들에게 인정받기 위해 나는 좋은 딸, 착한 딸, 예의 바른 딸이어야만 했다. 그나마 딸은 연기할 수 있었지만 남매를 연기하는 건 어려웠다. J와 나는 가장 가까워야 했지만 실제로는 가장 멀 수밖에 없는 사이였다.

J가 오고 나서 집안의 공기가 묘하게 바뀌었다. 아빠가 집에 들어오지 않는 날들이 많아지자 새엄마는 무의식적으로 나와 J를 차별하기 시작했다. 어떤 차별인지를 딱히 꼬집어 말하기는 어려웠지만 분명히 느낄 수 있었다. 어떤 날은 아무렇지 않은 듯 지나가는 시선에서, 어떤 날은 사소한 말 한마디에서, 어떤 날은 식탁 위에 놓인 음식에서 느꼈다. 나는 그 차이를 애써 모른 척하며 집 밖의 세상에 눈을 돌렸다.

그 시절 나는 바깥에서 더 나답게 지냈다. 좋아하는 가수가 생겼고, 그 가수를 좋아하는 사람들과 만날 때면 마음이 편했다. 가난한 집에서 엄마와 둘이 살던 시절을 그린 노래 〈어머님께〉, 부모가 아닌 형들이 아이를 키우는 콘셉트로 진행되었던 예능 프로그램 〈god의 육아일기〉에 유독 마음이 갔다. 팬카페에서 만난 이들과 팸을 이루고, 비슷한 이름들로 이름

가족 없는 시대

을 짓고 '가족놀이'를 하며 가족에게서 얻지 못한 애정을 서로 주고받았다. 현실의 가족보다 더 가족 같은 사이였다.

우리는 고민을 나누고, 부모에게 차마 꺼내지 못한 이야기들을 털어놓았다. 서로의 상처와 비밀을 들어주고, 응원과 농담을 주고받으며 버텼다. 단순히 같은 가수를 좋아한다는 이유로 모인 것이었지만, 그 공감이 이어져 마치 오래 알고 지낸 친구들처럼 깊은 신뢰가 쌓였다. 그 관계를 통해 낯선 사람과도 마음을 나눌 수 있다는 것을 배웠고, 이후로도 사람들을 대할 때 좀 더 열린 마음을 갖게 되었다. 팬카페에서의 가족극은 단순한 놀이가 아니라, 삶을 대하는 나의 태도와 관계 맺음 방식을 바꾼 소중한 경험이었다.

월드컵의 열기로 전국이 들썩이던 2002년, 아빠는 새엄마와 J에게 살던 집을 주고 나를 데리고 나왔다. 그리고 다시 딸이 있는 한 여자의 집에 나를 데려가 함께 살기 시작했다. 그렇게 또다시 새로운 무대에서 연극을 시작해야 했다. 더 이상은 새엄마 없이 아빠와 둘이서만 지낼 거라고 생각했기에 아빠의 일방적인 결정이 더욱 힘겹게 느껴졌다. 새로운 집은 원룸이었다. 그 좁아터진 원룸에서 아빠와 나, 그녀와 그녀의 딸 M 이렇게 넷이서 함께 지냈다. 공간은 부족했고, 불편함은 당연한 것이 되었다. 나의 존재가 그들에게 방해가 될까 두려웠고 갈등을 피하고 싶어서 최대한 눈에 띄지 않으려고 했다.

함께 살기 시작한 지 얼마 되지 않아 새 집으로 이사를 했다. 다행히도 방 세 개 중 하나가 내 방이 되었다. 그 집에서 내 공간은 딱 그 방 한 칸이었다. 문을 닫고 방에 들어오면 그나마 숨을 쉴 수 있었다. 그럼에도 내가 없을 때 누군가 이곳에 들어와서 내 물건을 뒤질 수도 있다는 불안이 늘 함께했다. 실제로 그런 일들이 빈번했다. 내 방이었지만 숨겨놓고 싶은 것들은 오히려 밖으로 가지고 나가야 했다. 주로 학교 책상서랍이나 사물함에 가져다두었다.

자매 연기는 남매 연기와 또 다른 면에서 쉽지 않았다. 디테일이 좀 더 필요했다고 할까. 아빠는 왜 M처럼 여자답게 하고 다니지 못하느냐며 매번 외모 비교를 했다. 새엄마는 집에 돈이 없다고 나에게 다니던 학원을 그만두라고 말했지만 승무원을 꿈꾸었던 M의 다리 교정에는 수백만 원씩 들였다. 전문대에서 4년제 대학으로 편입하려는 M의 공부는 지원했지만 수시로 붙은 내 대학 등록금은 마련하지 않았다. 그 가족극에 더는 끼고 싶지 않아 외식이나 가족 행사에 가지 않겠다고 선언한 날이 있었다. 그때부터 나는 모난 아이라는 새로운 캐릭터를 만들어갔다.

어느 순간부터 아빠는 집에 들어오지 않았다. 그 와중에 또 새엄마의 조카, 그러니까 M의 사촌언니가 취업 때문에 서울에 올라와 우리와 함께 살게 됐다. 나는 그들 무리에 자연스럽게 녹아들 수 없는 사람이었다. 그녀들은 서로를 가족이라 불렀지만, 나는 아니었다. 그 관계 안에서 나는 언제나 가장 애매한 위치에 있었다. 나는 아빠 없는 집에서 세 여자의 눈치를 보며 살았다. 너무 가까워서 낯선 사람이 될 수도 없었고, 다른 한편으로는 너무 멀어서 가족이 될 수도 없었다. 아빠가 집에 들어오지 않은 지 1년이 한참 지난 어느 날, 가족극은 종지부를 찍었다. 스물한 살이 되던 해였다. 내가 그 집에서 쫓겨나는 것으로 그 기나긴 연극은 막을 내렸다. 더 이상 보호받아야 하는 나이가 아니라는 게 쫓겨난 이유였다.

말하지 않는 삶의 시작

1999년 방영을 시작한 〈사랑과 전쟁〉이라는 드라마가 있다. 주로 부부 간의 갈등과 이혼, 재혼 과정에서 벌어지는 사건들을 극적으로 풀어내곤 했다. 방송일이 되면 주변 사람들은 내용을 이야기하며 흥미롭다는 듯 서로 웃고 떠들었다. 하지만 나는 그 드라마가 늘 불편했다. 내 삶의 어떤 부분과 너무나 닮아 있었기 때문이다. 사람들은 드라마를 보며 누군가의 불행을 흥밋거리로 소비했고, 그 시선 속에서 나는 마치 내가 조롱당하는 듯한 기분이 들었다.

이혼가정이나 재혼가정은 흔히 콩가루 집안으로 불렸고, 언제나 불화의 온상이자 어른들의 부덕이 만들어낸 비극으로 상기됐다. 그런 프레임에 갇히는 것이 두려워 어느 순간 입을 다물게 됐다. 가족 이야기를 아예 하지 않기로 결심한 것이다. 내가 어떤 가족을 가지고 있든, 친구들이 나를 이상한 눈으로 바라볼 것이 뻔했다. 가족은 가장 숨기고 싶은 비밀이 되었고, 사람들과의 대화에서 가족 주제가 나오면 나는 자연스럽게 화제를 돌리는 데 제법 능숙해졌다.

부모의 이혼 이후 아빠와 살게 되면서 여러 여자들을 만났다. 그들은 엄마가 아니었고, 나는 그 관계들을 쉽게 정의할 수 없었다. 내가 소화하기 어려운 관계들이었다. 아빠는 새로운 사람을 만나고 다시 또 헤어지고를 반복했다. 아빠의 여자 이야기를 친구들에게 털어놓을 수는 없었다. 어떤 식으로 설명해야 할지도 몰랐고, 무엇보다 그 이야기를 꺼내는 순간 나와 우리 가족이 손가락질받게될까봐 두려웠다. 침묵하는 법을 익힌 건 어찌보면 당연한 일이었다. 조용히, 조심스럽게, 아무 말도 하지 않고 넘어가는 방식으로 나 자신을 보호했다.

이런 비밀들이 쌓이면서, 모든 관계에서 한 발짝 물러나게 되었다. 낯선 사람과는 그 누구보다 빨리 친해질 수 있었다. 밝고 유쾌한 모습으로 다가갔고, 재치 있고 다정하게 굴었다. 하지만 진짜 내 모습을 보여주진 않았다. 진심을 내어주지 않는다면 관계가 끊어져도 괜찮을 테니까. 언제든 떠나거나 떠나보내도 상처받지 않을 수 있었다. 나는 누군가와 인연을 맺는 일뿐만 아니라 그 인연이 끊어지는 일에도 익숙해졌다. 아빠처럼 나도 언제나 누군가를 두고 떠나야 했던 처지 탓이다.

 가족 없는 시대

떠나야 하는 사람은 관계에 기대선 안 된다. 그런 삶을 살며 익힌 건 마음을 주지 않는 법이었다.

내가 어떤 꿈을 꾸고 있는지, 어떤 진로를 희망하는지 부모는 알지 못했다. 나도 굳이 말하지 않았다. 내가 누구와 어울리는지, 학교에서 무슨 일이 있었는지, 학교 밖에서는 무엇을 하고 다니는지, 어떤 고민을 하는지 이야기한 적이 없다. 무엇을 좋아하고, 무엇이 싫은지도. 서로 묻지 않았고, 말하지 않았다. 우리는 밥은 먹었는지, 언제 집에 들어올 건지 따위의 간단한 말만 주고받았다. 나는 혼자 삶을 꾸려가기 시작했고, 그 과정에 부모라는 존재는 없었다. 원했든 원하지 않았든 부모와 거리를 둘 수 있게 되자, 그들에 대해 모르는 것들이 더 많아졌다. 대화는 단절됐고, 각자 어떤 삶을 살아왔는지, 무엇 때문에 그토록 힘들어했고 지금은 무엇을 원하고 있는지 이야기를 나누지 않았다. 가족이지만 서로에 대해 아는 것이라고는 없었다. 그 무지는 점점 당연해져갔다.

성 정체성에 대해서도 마찬가지였다. 나는 누구인가에 대한 고민이 깊었지만 나의 성 정체성을 부모에게 털어놓은 적은 한 번도 없었다. 말한다고 해도 부모가 나를 이해하지 못할 거라 여겼다. 하지만 그보다 더 무서운 건 부모가 나를 탓할 수도 있다는 불안이었고, 나의 성 정체성을 듣고 부모가 스스로를 탓할까봐 두려운 마음도 얼마간 있었다. "네가 우리 때문에, 이런 가정에서 자라서 그런가봐"라고 말할지도 모른다는 생각이 나를 얼어붙게 했다. 그런 말까지 듣게 되면 이 세상에서 완전히 버려졌다는 생각이 들 것만 같아서 그 이야기만큼은 마음 깊은 곳에 묻어두기로 했다.

나는 부모가 알지 못하는 '진짜 나'가 있다고 믿었다. 하지만 시간이 흐르며 깨달았다. 진짜 나, 가짜 나 같은 건 없다는 것을. 내가 부모에게 보인 모습도 나고, 숨기고 있는 모습도 나다. 다만 스스로 어떤 모습은 보여도 괜찮고, 어떤 모습은 들키면 안 된다고 구분짓게 되었을 뿐. 그리고 그 구분은 가족이라는 이름으로 나를 옭아매고 있었다.

누군가와 깊이 친해지는 것이 두려웠다. 친밀한 관계 안에서 비밀이 드러날까봐. 누군가가 내 삶을 들여다보면서 나를 멋대로 정의하려 들까봐. 그래서 정말로 중요한 것들은 누구에게도 말하지 않은 채 마음에만 담아두었다. 사람들에게 외면당하지 않을 최소한의 나만을 보여주며 살아갔다. 돌이켜보면, 그 침묵은 나를 지키기 위한 방어막이었다. 말하지 않음으로써 판단받지 않을 수 있었고, 내 이야기를 꺼내지 않음으로써 불필요한 해석을 피할 수 있었다.

그 시절에는 침묵을 택했지만, 지금은 말할 수 있다. 내 삶을 설명하기 위해서가 아니라, 설명하지 않아도 괜찮은 세상을 만들기 위해서. 그것이 비밀이 아니라 한 사람의 삶으로 당당히 이야기될 수 있는 사회를 꿈꾼다. 내가 겪어왔던 침묵의 삶은 나만의 이야기가 아니다. 수많은 사람들이 여전히 자신

     가족 없는 시대

의 이야기를 삼키며 살아간다. 가족에게, 친구에게, 사회에게 설명하지 못한 자신을 끌어안고서 살아간다. 그런 이들에게 꼭 말해주고 싶다. 말하지 않는 것도 삶의 한 가지 방식이지만, 말해도 되는 삶은 그보다 훨씬 가볍고 단단하다고.

거리두기라는 선택

어렸을 때는 그 어떤 선택권도 가질 수 없었다. 누구를 만날지, 어디서 살지, 어떤 말을 해도 되는지 그 모든 것이 타인의 결정에 달려 있었다. 부모님이 별거를 시작했을 때 나는 아빠 손에 붙들려 집을 나왔고, 그날 이후로 아빠는 점점 엄마와의 만남을 꺼렸다. 그러다 어느 순간부터는 연락조차 하지 말라며 내게도 못을 박았다. 처음에는 보고 싶은 마음에 엄마가 종종 꿈에 나왔다.

아빠의 공장 사무실에서 살던 시절, 엄마를 만나고 싶어 몰래 편지를 썼다. 아빠가 씻는 틈을 타 자전거를 타고 30분 거리에 있는 엄마 집으로 향하려다, 예상보다 일찍 나온 아빠에게 들켜 붙잡혔다. 나는 심하게 혼났고, 다음 날 아빠는 미안하다는 편지를 책상 위에 올려두었다. 그 말 한 장이 내게 위로가 되었는지는 모르겠다. 다만, 그날의 분노와 혼란은 오랫동안 가시지 않았다.

중학교에 올라간 지 얼마 지나지 않아 나는 서울을 떠나 연고도 없는 경기도로 전학을 갔다. 엄마 몰래 야반도주하듯 떠난 이사였다. 엄마는 그 사실을 알고 나를 찾아왔다. 매년 생일이면 어김없이 선물을 보내주기도 했다. 하지만 아빠는 엄마와의 만남을 금지시켰고, 엄마가 보내온 케이크를 새엄마와 내가 보는 앞에서 발로 짓밟았다. 그 장면이 나에게는 너무 큰 모멸감으로 다가왔고, 결국 선물을 보낸 엄마까지 원망하게 됐다. '엄마가 선물을 보내지 않았더라면 이런 일도 없었을 텐데.' 결국 나는 엄마가 찾아와도 모른 척하기로 마음먹었다. 성인이 되면 찾아가겠다고, 그전까지는 절대로 만나지 않겠다고 다짐했다. 그게 곧 살아남는 방식이었다.

그 후에도 '가족'이라는 이름으로 내 곁에 머물렀던 사람들이 있었지만, 그 관계들은 늘 불안정했다. M의 엄마와 함께 살던 시절, 아빠는 집에 거의 들어오지 않았다. 혼자 감당하기 힘들었던 나는 결국 엄마에게 전화를 걸었다. 놀랍게도 예전 번호 그대로였다. 내가 언제든 연락할 수 있도록 기다리고 있었던 엄마에게서 오랜만에 안정감을 느꼈다.

하지만 그 감각은 오래가지 않았다. 엄마가 다른 사람을 만나고 있다는 것을 알게 됐다. 그래도 내가 최우선이라며 말해주었지만 정작 나는 그렇게 느끼지 못했다. 내가 스무 살이 되던 해, 엄마는 재혼을 결심했다. 내 의견을 묻긴 했지만 이미 결정은 내려진 듯했다. 나는 반대했다. 단순히 재혼이라는 사

　　가족 없는 시대

실 때문이 아니었다. 엄마가 함께하려는 이가 좋은 사람으로 느껴지지 않았다. 엄마는 알겠다면서도 결혼식을 올렸다.

나는 엄마 곁에서 남편의 빈자리를 대신할 수 없는 사람이었고, 그 사실을 알기에 동반자를 찾는 엄마를 막을 수는 없었다. 하지만 엄마의 선택이 옳지 않다고 느껴졌기에 간절히 말렸고, 결국 그 뜻은 받아들여지지 않았다. 그때 또 한 번 깨달았다. 가장 가까운 사람의 결정조차 내가 바꿀 수는 없다는 것을. 더 이상 부모의 삶에 관여할 수 없다는 사실을 받아들이며, 내 삶의 우선순위를 조금씩 정비해나가기 시작했다.

고등학교를 졸업하면 즉시 취업을 하고 싶었다. 경제적 독립을 통해 부모에게서 벗어날 방법을 찾아야 했다. 하지만 담임 선생님은 대학에 가면 더 넓은 세상이 열릴 거라고 조언했다. 고등학교 시절, 교지 편집부 활동과 대통령 탄핵을 계기로 처음 촛불시위에 나갔던 경험이 신문방송학과를 선택하는 데 영향을 끼쳤다. 그렇게 또다시 부모와 얽혔다. 이번엔 대학 등록금 문제였다. 아빠와 M의 엄마는 내가 재수를 하길 원했고, 엄마는 지금 환경에서 재수는 무리라고 했다. 나는 엄마의 말에 동의했다. 부모는 또다시 나를 매개로 만나야 했다. 물론 M과 M의 엄마에게는 비밀로 하면서.

아빠는 내가 대학교 2학년이 되던 무렵까지도 쭉 집에 들어오지 않았다. 한번은 아빠 생일을 맞아 케이크를 들고 공장을 찾아가기로 했다. 집을 나서려던 순간, M의 엄마가 불쑥 말했다. "오늘은 집에 압류 딱지가 붙을 수도 있으니까, 친구 집에서 자고 와." 내가 아빠를 만나러 가는 길이라는 건 몰랐을 테지만, 어차피 공장에 갈 참이어서 순순히 그러겠다고 했다.

공장에 도착해 오랜만에 아빠와 화기애애한 시간을 보내고 있는데, 거래처에서 전화가 연달아 걸려왔다. "폐업하시는 거 맞습니까?" "거래는 어떻게 되는 겁니까?" 빗발치는 전화에 우리는 M의 엄마가 거래처에 공장 폐업을 일방적으로 통보하고 있다는 사실을 알게 됐다. 공장은 금세 아수라장이 되었다. IMF 이후로 아빠는 거래처들의 연이은 부도로 파산을 신청할 수밖에 없는 상황에 이르렀고, 그 뒤로는 본인 명의로 사업을 할 수 없어 M의 엄마 명의를 빌려 공장을 운영하고 있었다. 자세한 내막은 모르지만, 명의를 빌려 사업을 이어가는 동안 돈 문제가 여러 번 발생했던 것 같다. 관계가 소원해지면서 계산과 책임을 서로에게 미루는 식으로 크고 작은 갈등이 쌓였을 것이다. 그날의 전화들은 M의 엄마가 아빠와의 관계까지 정리하는 쪽으로 마음을 굳혔다는 신호였다.

문득 집을 나설 때 들었던 말이 뒤늦게 선명해져서 불안한 마음을 안고 집으로 향했다. 아니나 다를까, 집 비밀번호가 그새 바뀌어 있었다. 문을 두드려보았지만 아무도 열어주지 않았다. 갈 곳이 없던 나는 다시 아빠의 공장으로 돌아갈 수밖에 없었다. 공장 사무실 한쪽 구석에서 뜬눈으로 밤을 지새운 다음 날, 공장 앞에 내 짐을 가득 실은 트럭이 도착해 있었다.

멀리서부터 다가오는 트럭 소리를 들으며 나는 처음으로 누군 가에게 버려졌다는 감정을 느꼈다. 그전까지는 매번 내가 누군가를 떠나는 입장이었다면, 그날은 반대였다.

아빠와 둘이 살게 된 지 꼭 10년이 되는 해였다. 당장 갈 곳이 없어진 나는 아빠의 공장 사무실에서 숙식을 해결했다. 그리고 그곳에서 결심했다. 이제는 누구도 쉽게 들어올 수 없는 견고하고 단단한 마음의 벽을 세우기로. 엄마와도, 아빠와도, 새엄마와도, 그리고 나를 함부로 흔드는 그 어떤 관계에도 휘말리지 않겠다고.

거리두기라는 선택은 단절을 위한 것이 아니었다. 나를 보호하기 위한 최소한의 안전장치였다. 더 이상 누군가의 삶에 소품처럼 끼워 맞춰지지 않으려면, 내가 나로 존재할 수 있는 거리가 필요했다. 그렇게 나는 나를 관계의 중심에 두는 법을 배워가고 있었다.

2.

가족도
남도 아닌
우리

어쩌다 독립

M의 집에서 쫓겨난 후 한동안 아빠의 공장에서 지냈다. 다시 열 살로 돌아간 기분이었다. 처음에는 공장 사무실 한쪽 구석에서 생활하다가 얼마 지나지 않아 공장 직원들이 머무는 기숙사로 자리를 옮겨 직원들과 함께 살았다. 워낙 갑작스럽게 일어난 일이라 처음에는 현실감이 없었다. 아침에 눈을 떠서도 이곳이 어디인지, 나는 누구인지 한참을 되묻곤 했다.

대학에 입학하고 두 번째 기말고사 기간을 맞이했지만 학교에 갈 수 없었다. 버거워진 현실에 도무지 일상을 이어나갈 힘이 나지 않았다. 결국 교수님께 대략적인 상황을 설명한 메일을 보내고 시험 대신 리포트로 성적을 대체했다. 내 삶은 그렇게 하나씩 기존의 방식과 결별하고 있었다.

집을 구해야 했다. 엄마와 아빠는 각자 따로 집을 알아보고 있었다. 학교는 서울 구로구, 아빠의 공장은 경기도 광주, 외가 친척들은 서울 강동구, 엄마는 충청도에 살고 있었다. 보통의 상황이라면 학교 근처에 집을 구하는 것이 맞았지만, 엄마는 학교에서 두 시간이나 떨어진 경기도 성남에 집을 구했다. 외가의 친척들과 아빠가 가끔이라도 나를 방문할 수 있어야 한다는 게 그 이유였다.

모란시장 인근의 작은 옥탑방이었다. 싱크대 옆에 내 몸 하나 겨우 누일 수 있는 공간이 전부였다. 보증금 500만 원에 월세 20만 원짜리 집. 현관문을 열고 들어서면 보이는 공간이 전부인 작고 초라한 곳이었지만, 처음으로 갖게 된 나만의 공간에 안도감을 느꼈다. 더 이상 누군가의 눈치를 보지 않고 마음껏 숨 쉬어도 됐다.

엄마의 예상과 달리 집에 찾아오는 이는 아무도 없었다. 외갓집 친척들도, 아빠도 한 번을 오지 않았다. 학교 친구들을 초대하고 싶었지만 왕복 네 시간이 넘는 거리를 감당할 친구는 없었다. 어렵게 온다 하더라도 함께 앉아 있을 공간조차 없었다. 달달이 용돈을 받는 처지도 아니어서 생계를 위해 곧바로 아르바이트를 시작해야 했다. 이전에도 호프집과 요거트 아이스크림 전문점에서 일한 경험이 있었던 터라 집 근처의 아이스크림 가게에서 어렵지 않게 일을 시작할 수 있었다.

주 사흘만 학교에 가는 스케줄을 짜 수강 신청을 하고, 나머지 나흘은 매일 12시간씩 아르바이트를 했다. 그렇게 단순

　　　　가족 없는 시대

하고 기계적인 일상이 반복됐다. 학교와 아르바이트를 오가며 학회 활동과 이런저런 과외 활동까지 성실히 해내려 애썼지만, 현실은 늘 버거웠다. 오전 9시 수업에 지각하지 않으려면 새벽 6시에는 일어나 준비해야 했고, 학교 생활에 각종 아르바이트로 피곤에 전 몸을 이끌고 나가는 일은 늘 힘에 부쳤다. 결국 지각이 일상이 되어버렸다.

엄마와 함께 모란시장을 걷던 어느 날, 길거리의 리어카에서 유난히 작고 지쳐 보이는 강아지를 보게 됐다. 몸집이 너무 작아서 금방이라도 숨이 끊어질 듯했다. 무슨 이끌림이었는지 그 자리에서 강아지를 데려왔다. 사료와 작은 밥그릇까지 포함해 단돈 3만 원이었다. 함께 살기 시작한 지 얼마 지나지 않아 강아지는 심한 폐렴에 걸렸고, 나는 며칠 밤을 꼬박 지새우며 병원을 오갔다. 극진한 돌봄 덕택이었는지 다행히 강아지는 건강을 되찾았다. 그 모습을 본 엄마는 조금은 미안해하는 기색을 내비쳤다. "곧 죽을 것 같아서 키우라고 했는데, 살아났구나."

생명을 책임진다는 것은 쉽지 않은 일이었다. 그때 나는 문득 M과 함께 살던 집에서 키우던 강아지를 떠올렸다. 그 집에서 나는 서열이 가장 낮은 존재였다. 강아지마저 나를 무시하고 얕볼 정도였다. 하지만 내가 다른 누구보다 정성껏 돌봐주자 언제부턴가 오직 나만을 따랐다. 집에 자주 들어오지 않는 아빠를 낯설어했고, 아빠가 내 방에 들어오려 하면 사납게

짖으며 막아섰다. 아빠는 그런 강아지를 끔찍이 싫어했다. 어느 날, 내가 학교에 간 사이 아빠는 말 한마디 없이 강아지를 다른 곳으로 보내버렸다. 며칠 내내 서럽게 울었지만, 끝내 슬픔을 삼킨 채 상실에 익숙해져야 했다. 성남의 옥탑방에서 키우던 강아지는 혼자 사는 내게 훈훈한 온기를 주는 생명이었다. 말하지 않아도 조용히 곁에서 나를 위로해주었다.

2년을 꼬박 채우고 계약 만료일이 가까워졌을 때, 다음 집을 알아보기 시작했다. 오래 고민할 것도 없이 바로 마포를 떠올렸다. 마포는 내가 지역 활동을 이어가고 있는 곳이었고, 친구들 대부분이 거주하고 있기도 했다. 일상의 많은 시간을 보내는 마포에 터전을 마련하고 싶었다. 여러 집을 둘러보던 차에 화장실이 넓고 주방이 분리되어 있는 원룸이 눈에 들어왔다. 그 뒤로 다른 집들에는 마음이 잘 가지 않았지만, 반려동물과는 함께 살 수 없는 구조였다. 좋은 집과 강아지 사이에서 결국 좋은 집을 택했다. 말도 못하는 아이에게 미안하다고, 정말 미안하다고 속으로 몇 번이나 되뇌며 엄마에게 보냈다. 좋은 집이라는 욕망 앞에서 내게 온기를 주던 가장 소중한 존재를 놓아버리고 말았다.

막상 이사하고 나니 집이 휑하기만 했다. 강아지가 문 앞에서 나를 반겨주는 순간도, 바닥을 톡톡 두드리며 졸졸 따라오던 발소리도 없었다. 냉장고 돌아가는 소리와 내 숨소리가 전부였다. 안정감을 느끼고 싶어서 침대 옆에 빨래 건조대를

가족 없는 시대

펼쳐놓고, 강아지가 누워 있던 자리에는 베개를 하나 더 가져다둔 채로 잠을 청하기도 했다. 그럼에도 헛헛함은 쉽사리 채워지지 않았다. 강아지를 떠나보낸 후 오랫동안 속상했다. 끝까지 책임지지 못했다는 죄책감을 떨쳐낼 수 없었다.

그렇게 첫 독립은 깊은 외로움 속에서 위태롭게 시작됐다. 그야말로 우연히, 어쩌다 시작된 독립이었다. 마음의 준비 같은 것은 사치였다.

삶을 붙들어준 관계들

고등학교 담임 선생님의 조언이 틀리지 않았다는 걸 대학에 진학하고 나서야 깨닫게 됐다. 부모의 선택에 휘둘릴 수밖에 없었던 한 시기를 뒤로하고 더 넓은 세상을 향해 나아갔다. 다양한 경험을 쌓으면서 어느 순간부터는 부모보다 내가 더 세상을 깊이 이해하고 있다는 감각을 갖게 됐다. 사람들과 맺는 관계도 이전과 달라졌다. 말 한마디 섞지 않고 수업만 같이 듣는 사람, 팀 프로젝트를 하며 인사를 주고받는 사람, 동아리나 학회를 통해 꾸준히 얼굴을 보는 사람, 관심 있는 주제나 가치관이 통해 깊은 대화를 나누는 사람, 그리고 삶의 고민을 나누며 신뢰를 쌓아가는 사람까지. 사람 사이의 관계에도 여러 결들이 있다는 것을 차근차근 알아갔다.

무엇보다 신문방송학과의 대안미디어 수업은 내 삶을 크게 바꿔놓았다. 내쫓기다시피 시작된 불안한 독립 이후 마음이 허공을 맴돌던 시기에 나를 단단히 붙잡아준 수업이었다. 말할 자리를 갖지 못한 사람도 스스로 주파수를 만들 수 있다는 것을 알게 됐다. 흘려보내지 않아도 되는 말, 혼잣말로 끝나지 않는 발화가 있다는 감각은 불안정했던 내 삶에 처음으로 밀도를 실어주었다. 내게 대안미디어는 흩어지던 마음을 모이게 해주는 통로였다.

당시 서울에는 마포FM과 관악FM 같은 공동체 라디오가 있었다. 수업을 통해 마포FM에 페미니스트 방송 '꽃다방'과 레즈비언 방송 'L양장점'이 있다는 사실을 그때 처음으로 알게 됐다. 당시 마포는 홍대 부근에 레즈비언 바들이 즐비했고, 레즈비언 상담소는 물론 각종 여성운동 단체들의 근거지였다. 페미니스트 방송과 레즈비언 방송을 꾸려갈 사람들이 모일 수 있었던 건 그런 기반 덕택이었을 것이다.

어쩌다 독립을 하게 된 뒤부터 나와 비슷한 사람들을 더 많이 만나보고 싶다는 열망이 커졌다. 익명의 커뮤니티에서 텍스트로 주고받는 위로가 아니라, 살아 있는 사람들의 목소리가 들리는 세계를 꿈꿨던 것 같다. 라디오에 매료되었던 건 그 때문이었다. 누군가의 호흡과 웃음, 때로는 망설임이 전파를 타고 흘러나온다는 것만으로도 마음이 푸근해졌다. '나만 힘든 게 아니구나.' 누군가는 이미 자신의 삶을 말하고 있었고,

 가족 없는 시대

그 목소리가 허공에 흩어지지 않은 채 전파를 타고 내 방까지 닿는다는 사실이 믿기지 않을 만큼 든든했다.

마침 L양장점에서는 프로그램을 만드는 제작진(레주파)을 모집하고 있었다. 반가운 마음에 곧바로 신청서를 내고, 교수님께도 대안미디어 수업 덕분에 용기를 내 활동을 시작하게 되었다는 메일을 보냈다. 그 메일에서 나는 성 정체성을 드러내며 처음으로 어른에게 커밍아웃을 시도했다. 나를 지지한다는 내용이 담긴 교수님의 답장 덕분에 부모가 아닌 어른에게 나의 진심이 받아들여지는 경험을 했다.

레주파 활동은 나와 비슷한 정체성을 가진 이들을 직접 만나는 자리였다. 생전 처음 만난 또래 성소수자들과 함께 방송을 기획·녹음하고, 라디오라는 매체를 통해 각자의 이야기를 나누는 그 경험이 나를 다시 일으켜세웠다. 그중에는 나보다 나이 많은 레즈비언들도 있었다. 그들은 내게 나이 든다는 것이 곧 사라지는 일이 아니라, 살아가는 방식이 조금씩 달라지는 일이라는 확신을 주었다. 덕분에 나이 먹는 것에 대해 품고 있던 막연한 불안이 조금씩 걷혔다. 그들의 생생한 존재감은 삶의 미래를 좀 더 풍부하게 상상하도록 했다.

레주파를 통해 알게 된 마포FM과 공동체 라디오 활동은 나를 '지역'이라는 세계로도 안내했다. 장애가 있는 자녀를 둔 부모, 청소년, 문화예술인, 어르신 등 학내에서보다 훨씬 더 다양한 사람들과 만날 수 있게 해주었다. 이질적인 사람들이 한 공간 안에서 이야기를 나누고, 자기 목소리를 낼 수 있는 구조가 충격이자 감동으로 다가왔다. 가족이 아니어도 서로를 돌보고, 연결될 수 있다는 감각이 조금씩 몸에 새겨졌다.

라디오 활동에서 힘을 받아 청소년을 위한 미디어 교육도 시작했다. 학교는 물론 방과후 교실, 지역아동센터, 대안학교에 이르기까지 다양한 공간에서 아이들을 만났다. 아이들은 자신의 이야기를 스스로 말할 수 있게 도와주는 것이야말로 좋은 교육임을 생생히 보여주었다. 다음세대재단 '유스보이스' 미디어교육자 프로젝트에 참여해 청소년들이 자기 경험을 말할 언어와 형식을 찾아갈 수 있도록 돕기도 했다. 누군가의 삶이 '말'이 되고 '작품'이 되는 순간들을 곁에서 지켜보며 자연스레 부모와의 관계를 다시 생각하게 됐다. 자기 자신에게 좋은 부모가 되는 것이 좋은 부모를 갖는 것보다 훨씬 더 중요한 일임을 깨달은 시간이었다. 어린 시절 그토록 필요로 했던 돌봄과 지지를 내가 나 스스로에게 건넬 줄 알아야 했다.

돌이켜보면 대학에 가고, 공동체 활동에 몸을 담고, 나와 같은 사람들을 찾아다녔던 것 모두가 부모의 세계에서 벗어나기 위한 몸부림이었다. 가족 안에서 경험한 결핍은 나를 끊임없이 새로운 관계로 향하게 했다. 그 관계란 때로는 지역 공동체였고, 때로는 성소수자 커뮤니티였고, 때로는 아이들을 가르치는 공간이었다. 나를 지켜내면서도 얼마든 타인과 관계 맺을 수 있다는 것을 보여준 자리들이었다.

     가족 없는 시대

공동체와 지역, 동료 시민들이 보여준 연대는 서로 사랑을 주고받는 일이 가족이라는 틀 안에서만 가능하다고 믿어왔던 나를 훨씬 더 넓은 세계로 데려갔고, 부모와의 관계에서 놓여나도록 했다. 내가 누군가의 세계 안에 존재할 수 있다는 것을, 그리고 그 누군가가 반드시 가족일 필요는 없다는 것을 그때 알았다.

냉장고를 공유하면 식구

대학교를 졸업하고, 취업을 하고, 시민사회 활동을 이어가며 쉴 틈 없이 달려왔다. 해야 할 일, 하고 싶은 일, 잘하고 싶은 일이 너무 많았다. 혼자 살게 된 이후로는 더 바빠졌다. 몸을 가만히 두는 것이 불안하게 느껴졌고, 언제나 무언가를 기획하고, 실행하고, 다음을 준비했다. 혼자 있는 시간이 불편하게 느껴져서 끊임없이 사람들을 불러모았고, 다양한 프로젝트를 꾸렸다. 외로움을 느낄 새도 없이 치열하게 살았다고 스스로를 위로했지만, 실은 나 자신에 대한 돌봄을 회피했던 날들이었다.

생각해보면 방황의 시기이기도 했다. '어디에서, 어떻게 살아갈 것인가.' 그 물음이 내내 머릿속을 떠나지 않았다. 여러 번 일탈을 꿈꾸기도 했다. 서울을 벗어나 연고가 없는 곳으로

가고 싶었다. 나를 아는 이가 아무도 없는 도시에서, 지금까지 쌓아온 것들을 통째로 내려놓고 완전히 새로 시작하고 싶었다. 단순히 도피하고 싶다는 마음은 아니었다. 이미 너무 많은 자원이 몰린 서울에서 내가 할 수 있는 일이 있기는 한지, 오히려 자원이 부족한 지역으로 가서 나만이 할 수 있는 역할을 찾아야 하는 건 아닌지 의문이 들었다. 버티는 것과 떠나는 것 사이에서 오래 고민했다.

결국 잠시 마포를 떠나 다른 지역에서 살아보기로 했다. 떠나보아야만, 내가 머물고 있는 자리가 문제인지 아니면 내 안의 불안이 문제인지 구분할 수 있을 것 같았다. 하지만 그 짧은 이탈은 오히려 내 마음을 더 또렷하게 만들었다. 끊어내고 싶었던 것이 이 지역이 아니라 스스로에 대한 의심이었음을 깨닫고는 다시 마포로 돌아왔다. 내가 어떤 환경에서 숨을 고를 수 있는 사람인지 확인할 수 있었다. 마포는 나에 대해 구구절절 설명하지 않아도 되는 관계들과 혼자 살더라도 고립되지 않게 붙잡아주는 생활의 연결망이 있는 곳이었다. 일터도 동네에서 찾고 싶어서 다니던 직장을 과감히 그만두었다. 삶을 일에 끼워맞추는 대신 일이 삶의 리듬에 맞춰 자연스럽게 흘러갔으면 했다.

이사를 하면서 냉장고를 정리했다. 유통기한이 한참 지난 식재료가 수북했고, 싱크대 수납장에도 손 한 번 대지 않은 조미료와 양념이 가득했다. 냉장고는 내 생활을 적나라하게 드

　　　　가족 없는 시대

러내고 있었다. 끼니조차 챙기지 못한 채 정신없이 흘러가는 삶. 스스로를 돌보는 시간이 없으면 아무리 훌륭한 활동을 이어가더라도 삶은 엉망이 되어버리고 만다는 것을 그제야 깨달았다.

그즈음 TV에서는 〈나 혼자 산다〉가 방영되기 시작했다. 연예인들의 자취 생활을 보여주는 예능 프로그램이었다. 다음 해에는 〈냉장고를 부탁해〉라는 프로그램이 등장했다. 게스트의 냉장고를 통째로 스튜디오로 옮겨와 셰프들이 냉장고 속 식재료로 요리를 만들어줬다. 혼자 산다는 건 단지 생활의 형태만을 뜻하는 것이 아니었다. 그 안에는 마음, 식사, 관계, 돌봄 등 삶을 이루는 크고 작은 요소들이 담겨 있었다. 그때 알 수 있었다. '혼자'라는 건 삶의 한 가지 방식일 뿐, 고립의 다른 이름이 아니라는 것을.

내가 이사한 집은 반지하였지만, 채광이 좋고 베란다도 있어서 생각보다 따뜻했다. 거실이 꽤 넓었고 부엌도 널찍했다. 가구공장을 운영하던 아빠는 나를 찾아오진 않았지만 가구를 보내주었다. 혼자 쓰기에 알맞은 작은 식탁을 부탁했는데, 왜인지 6인용 식탁을 보내왔다. 의아했지만, 꼭 '혼자 살지만 혼자만 살지는 말라'는 말처럼 들리기도 했다. 6인용 식탁을 제대로 활용해보기로 마음먹고 본격적으로 사람들을 불러 모았다.

친구를 초대해 함께 밥을 지어 먹은 어느 날이었다. 백수가 된 이후로 나는 "매일 뭘 해 먹을까가 제일 큰 고민"이라는 말을 입버릇처럼 반복했다. 일을 하게 되면 그 핑계로 사람들과의 만남을 계속 미루게 되는데, 지금은 오히려 여유로운 시간이 좋다고도 했다. 내 말에 친구는 고개를 끄덕이며 말했다. "그럼 이걸 일처럼 해보면 어때? 밥을 차리고, 사람들을 초대하고, 같이 밥 먹으며 얘기 나누는 프로젝트." 그 말이 내심 반가웠다. 그때의 나는 사람들과 관계를 맺고, 사람을 신뢰하고, 누군가에게 마음을 쓰는 일보다 내가 쌓아온 경력과 활동에 더 기대고 있었다. 사람은 언제든 변하고 떠날 수 있더라도, 내가 해낸 일들은 쉽게 사라지지 않는다고 믿었다. 그래서 '일'로 연결된 관계는 그나마 견딜 수 있었지만, 목적 없이 밥 한 끼를 함께 먹고 일상을 나누는 관계는 유독 어렵고 불편했다.

이걸 일처럼 해보라는 친구의 말에 내 안의 경계심이 조금은 누그러졌다. 누군가를 초대하고 밥을 차리고 함께 이야기를 나누는 일을 친목이 아니라 프로젝트로 삼는다면 그런 식의 관계 맺기도 차츰 시도해볼 수 있을 것 같았다. 관계 맺는 방법이 따로 존재하는 게 아닌데, 나에게 익숙한 방식으로, 내가 가진 언어로 그 세계와 만나도 충분한데 왜 그토록 어렵게 생각했을까. 일을 잘해내는 것만이 나를 지키는 길이라는 강박에 사로잡혀 있었던 걸까.

나부터 잘 먹이고, 가끔 그 밥을 누군가와 나누고, 그렇게 하루를 함께 건너는 것이야말로 삶을 버티게 해주는 원동력인

가족 없는 시대

지 몰랐다. 용기를 얻은 나는 친구들이 불러주는 내 별명인 '우야'와 '식당'을 합쳐 '우야식당'이라는 프로젝트를 만들었다. 일본 드라마 〈심야식당〉에서 큰 영감을 받아 단 한 사람을 위한 단 하나의 밥상을 모토로 삼았다. 한국여성재단의 지원 덕택에 집에서 가까운 거리에 있는 마포FM을 기반으로 프로젝트를 구체화할 수 있었다. 처음에는 그저 친구들을 초대해 친구들이 먹고 싶어 하는 음식을 만들고, 함께 먹으며 대화를 나누는 작은 프로젝트였다. 누군가가 내가 해준 밥을 먹고 환하게 웃는 모습을 보는 게 좋았다. 그 표정 하나로 '오늘 하루는 괜찮았다'는 확신이 들었다.

그런데 시간이 지나면서 "나도 우야식당에 가고 싶다"며 관심을 표현하는 이들이 늘어났다. 덩달아 신이 나 친구의 친구, 동네에서 마주치던 사람, SNS로만 알던 사람들까지 좀 더 다양한 사람들을 만나보고 싶어졌다. 내가 아는 사람들만 반복해서 만나는 대신, 이렇다 할 접점이 없는 낯선 사람들과도 밥을 나누고 싶었다. 그 마음을 따라 SNS를 시작했다. 우야식당을 기록하고, 음식 사진을 올리고, 식탁을 열어두었다. 나름대로 예약 시스템도 도입했다.

지금까지도 기억에 남는 손님이 있다. 손님은 "사실 오늘 제 생일이에요"라고 운을 떼며 조심스레 자기 이야기를 꺼냈다. "생일이라…… 나를 위해 차려진 밥이 먹고 싶었어요. 누군가가 끓여주는 미역국이요." 굳이 '예약'까지 해서 이곳에 온 그 마음을 조금은 알 것 같았다. 가족도, 연인도, 가까운 친구도 아닌 누군가에게라도 '태어난 날'을 축하받고 싶은 마음. 나는 정성껏 미역국을 끓이고 상을 차렸다. 그날의 온기는 다시 나에게 돌아왔다. 내게 생일은 좋은 날이라기보다는 쓸쓸한 기억이었는데, 누군가의 생일을 위해 차린 밥상이 내게도 '오늘을 함께 건너는 사람이 있다'는 증표로 남았다.

이후로 비슷한 경험이 더 쌓이면서 우야식당을 '생일상을 차려주는 프로젝트'로 확장하게 되었다. 그 무렵 카카오톡에서는 '만 원 생일상' 같은 이름으로 레토르트 식품을 묶어 판매하는 상품이 유행하기도 했는데, 볼 때마다 이런 생각이 들었다. '만 원이면 내가 더 푸짐하고 따뜻하게 차려줄 수 있겠다.' 거창한 이벤트가 아니라도 좋았다. 미역국 한 그릇과 '축하해'라는 한마디만으로도 외롭지 않은 생일이 될 거라고 믿었다.

이 프로젝트가 《코리아 타임스》에까지 소개되면서 우야식당은 예상치 못한 방향으로 확장되었다. 어느 날은 홍대에 놀러온 홍콩 여행객에게서 연락이 왔다. "한국에서 생일을 보내게 됐는데, 생일상을 받을 수 있을까요?" 그렇게 나는 낯선 언어를 쓰는 낯선 얼굴에게도 미역국을 끓이고 상을 차려주었다. 이런 식으로도 연결될 수 있구나 싶어 그날의 장면이 오래 남았다. 내가 차린 한 끼가 누군가에게는 낯선 도시에서 처음 마주한 환대의 경험이 될 수도 있다는 걸 그때 처음 실감했다.

우야식당에 오고 싶다던 또 다른 손님은 내게 이런 메시

　　　　　가족 없는 시대

지를 보내왔다. 첫 문장은 의외로 조심스러웠다. "제가 1인가구는 아닌데, 그래도 가도 될까요?" 나는 괜찮다고, 얼마든지 와도 된다고 답했다. 그는 약간 머뭇거리며 식탁에 앉더니 조금 뒤 자신의 집 이야기를 꺼냈다. 함께 살고는 있지만 서로의 일상에 대해 잘 모른다고 했다. "저희 가족은 냉장고만 공유하는 사이예요." 각자 바쁘고, 각자 지쳐 있고, 대화는 점점 줄어들고, 식사는 더더욱 따로가 되었다는 이야기를 들으면서 생각했다. 함께 밥을 먹는 사이야말로 각별하고 소중한 존재일 거라고. 가족은 혈연이나 혼인으로 맺어진 관계지만, 식구는 말 그대로 '같이 밥을 먹는 이들'을 뜻하니까. 우야식당은 내게 가족이 없더라도 식구는 얼마든지 만들 수 있다는 것을 알려주었다.

그렇게 프로젝트를 지속하며 자연스럽게 집 밖을 상상하게 됐다. 나와 같은 고민을 가진 사람들과 더 많은 연결이 필요했다. 일대일 밥상에서 여러 사람이 함께 나누는 자리로 확장하고 싶었다. 우야식당을 어디에서 지속할 수 있을지 궁리하던 와중에 망원시장이 떠올랐다. 다행히 1~2인 중심의 소가구를 위한 시장으로의 전환을 준비하고 있던 시장 상인회와 연결되었고, 협업을 제안받아 흔쾌히 함께했다. '망원시장 속 우야식당'은 그렇게 시작되었다.

함께 밥을 차리고, 함께 먹고, 함께 대화를 나누는 일은 생각보다 강력한 경험이었다. 처음 본 사람과 밥을 먹으며 하루를 나누는 것만으로도 어떤 감정들이 자연스레 채워지곤 했다. 가족이 아니더라도, 한 끼를 함께하며 식구가 될 수 있었다. 식구라는 단어는 혼자 살아가되 혼자만은 아닌 사람들 사이에서 다시 태어났다. 그 경험 위에서 자연스레 다음 프로젝트로 건너가게 됐다. '더 많은 혼자들을 연결하자' '더 많은 밥상 위에서 관계를 나누자'는 취지를 살려 '끼니를다함께' 프로젝트를 시작한 것이다. 그때나 지금이나 나는 '함께 먹는 일'을 삶의 중심에 두고 있다. 그게 내가 지향하는 정치다.

혼자도 가족은 가족

끼니를다함께 소셜다이닝에 모인 사람들과 1인가구의 삶에 대해 이야기를 나눈 적이 있다. 혼자 살기 시작하면서 매일의 끼니가 무너지고, 그 무너짐을 당연한 것으로 여기게 된 서글픈 경험들이 오고 갔다. 일이 바쁘니 한 끼쯤은 거를 수 있고, 대충 때워도 된다는 식으로 생각하는 한 자기돌봄은 영영 불가능하겠다는 위기의식이 들었다.

서울청년정책네트워크 보건 분과 활동을 하며 1인가구 청년 154명을 대상으로 식생활 실태조사를 진행한 적이 있다. 청년들 대다수가 자신이 먹는 음식에 만족하지 못했고, 집에 주방이 있더라도 요리를 하지 않거나, 조리 자체가 불가능한 구조의 주거환경에서 살고 있었다. 이른바 '지옥고'(반지하, 옥탑방, 고시원)에 사는 청년들이 적지 않았다. 그런 환경에서는 음식을 해 먹는 것이 사실상 불가능했다. 결코 남의 이야기가 아니었다. 우리의 삶은 건강, 주거, 노동, 그리고 돌봄의 문제를 동시에 떠안고 있었다. 식사라는 사소해 보이는 행위에서 그 동시다발성을 느낄 수 있었다.

'혼밥' '혼술' '쿡방' '먹방'이라는 키워드가 유행처럼 소비되던 시절이었지만, 현실의 1인가구들은 유행이 아닌 고립의 밥상을 마주하고 있었다. 이 삶이 다름 아닌 바로 내 삶이라면 제도가 바뀌어야 한다고 느꼈고, 2016년 서울청년의회에서 공유부엌·공유냉장고 사업인 '푸드셰어링' 정책과 1인가구 전담 부서의 설치를 제안했다. 정책은 느렸지만 변화는 시작됐다. 이듬해 서울시는 1인가구 실태조사와 기본계획 수립에 나섰고, 이후로도 1인가구 관련 사업들을 조금씩 설계해나갔다. 갈 길은 여전히 멀었지만, 질문을 멈추지 않는 이들이 드물게나마 있다는 것을 확인할 수 있었다.

그 이후로 나는 꾸준히 말해왔다. 1인가구는 단순히 '임시적인 상태'나 '전환기'가 아니라, 한국사회에서 가장 빠르게 증가하고 있는 삶의 형태라고. 누군가와 함께 살지 않더라도 스스로를 돌보고 관계를 형성할 수 있다면, 그 또한 가족이라고. 그런 믿음을 나 개인의 삶에서 끝내는 대신 활동으로 이어가고 싶었다. 식생활을 넘어 1인의 삶 전반을 설계하고 돌보는 일이 무엇보다 절실했고, 그 활동을 체계적으로 해나가기 위한 기반이 필요하다는 판단이 들었다. 고민 끝에 직접 그 기반을 다지는 것밖에는 방법이 없다는 결론에 이르렀다. '1인생활밀착연구소 여음'은 그런 과정 속에서 기획하게 된 프로젝트였다.

나는 여음을 1인가구의 삶을 가까이에서 들여다보고 그 삶이 겪는 구체적인 문제들을 언어와 구조로 풀어내는 실험으로 구상했다. '여음'이라는 이름에는 소리가 멈춘 뒤 남아 이어지는 잔향의 의미를 담았다. 대표되지 못해 드러나지 않던 목소리들이 삶의 현장에서 끊기지 않고 이어지길 바라는 마음이었다. 여음은 실제 삶의 장면 속으로 들어가 무엇이 어렵고 무엇이 부족한지를 함께 확인하고, 그 경험이 사라지지 않도록 기록으로 남기는 방식으로 지속되었다. 혼자 살아가는 삶이 개인의 선택이나 감내로만 남지 않도록, 일상의 경험을 언어화하고, 그 언어를 통해 다시 연결을 만들어내는 일이 중요하다고 믿었다.

1인가구 청년 여성들과 함께 서울시 성평등도서관에서 그림책을 만들며 그 문제의식을 구체화해나갔다. 각자의 하루와 생활을 돌아보고, 혼자 살아가며 마주하게 되는 여건이나 감정을 서사와 이미지로 정리하는 과정이었다. 이 작업은 여음이 지향해온 '생활 밀착형 연구'의 한 실천이기도 했다. 말해지지 않으면 없던 일이 되어버리는 경험들이 서로에게 닿아

　가족 없는 시대

남을 수 있도록 하는 시도였다. 이 문제의식을 더 선명하게 벼리기 위해 언니네트워크와 함께 1인생활보장평가지표를 만들기도 했다. 지표를 통해 노동·주거·건강·안전·문화 같은 영역에서 어떤 기준이 보장되어야 혼자의 삶이 유지될 수 있는지를 점검하면서, 그 생활 조건을 구체적인 언어로 정리해볼 수 있었다.

경험을 모으는 데서 더 나아가 그 경험이 정책과 제도로 이어질 수 있도록 다리를 놓고 싶었다. 이를테면 여성 1인가구가 안심하고 살 수 있는 주거환경을 만들기 위한 프로젝트였던 여성안심주택은 그 다리를 실제 삶의 현장에서부터 놓아보기 위한 시도였다. 나는 프로젝트의 코디네이터로 활동하며 각기 다른 생활 습관, 성향, 노동시간대, 청결 기준을 가진 사람들이 함께 사는 공유주택에서 갈등을 조율하고 함께 규칙을 만들어갔다. 그야말로 작은 공동체의 운영을 돕는 일이었다.

전국 최초로 문을 연 강남구 1인가구 커뮤니티센터의 개관 준비에도 실무로 함께했다. 하지만 공간을 열었다는 사실만으로는 아무것도 시작되지 않았다. 정말 중요한 건 그 안에 누가 들어와 어떤 방식으로 머물고, 누구와 어떻게 연결되느냐였다. 그 연결을 만들기 위해 센터 내부에서도 우야식당을 열었다. 내가 일방적으로 밥을 해주고 대접하는 방식이 아니라, 함께 장을 보고 함께 음식을 만들고 함께 먹는 방식이었다. 처음 칼을 잡아보는 사람에게는 재료 손질부터 알려주고, '혼자 먹기 싫어서 왔다'는 사람들과는 식탁에 둘러앉아 하루를 나눴다. 요리를 배우러 왔다가, 어느새 자신의 생활을 말하고 다른 사람의 이야기도 듣게 되는 자리였다.

센터에서 어떤 프로그램을 운영해야 1인가구의 삶에 실제로 도움이 될지, 운영 과정에서 발생하는 문제점을 해결하기 위해 무엇을 해야 하는지에 대해서도 꾸준히 자문하고 피드백했다. 나의 역할은 센터 개관을 지원하는 데서 끝나지 않았다. 혼자 사는 사람들이 이 공간에서 서로를 만나고, 새로운 관계를 맺을 수 있도록 식탁과 프로그램을 함께 설계하고, 현장에서 직접 움직였다. 고립의 문제는 코로나19 팬데믹 상황에서 더욱 선명히 드러났다. 사적모임 인원 제한, 다중이용시설 출입 제한 등에서 동거 가족만 예외로 허용되면서 가족관계증명서나 주민등록등본을 제출해야 하는 상황이 발생한 것이다. 같이 살지 않더라도 서로를 돌보는 관계, 오래 알고 지낸 친구, 가까운 이웃은 이 구조 안에서 가족이 아니라는 이유로 밀려났다.

그 과정에서 새삼스럽게 확인한 사실은 우리가 사는 사회가 '관계'를 중심에 두는 대신 '서류'를 기준으로 움직인다는 것이었다. 병원에서도, 행정기관에서도 서류상 법적 가족이 아니면 할 수 있는 일이 아무것도 없었다. 재난지원금도 마찬가지였다. 세대주를 중심으로 지급되면서 절연했거나 별거 중인 사람들은 지원 대상에서 배제됐다. 행정은 법적 가족만을 상

     가족 없는 시대

정할 뿐, 현실의 관계는 전혀 고려하지 않았다.

타인의 '침'이 강력한 감염원이 되는 상황이었기에 함께 밥을 먹거나 마주 보고 대화하는 것조차 금지됐다. 말 한마디, 밥 한 끼가 절실해서 다른 어느 때보다 사람들과 만나고 싶었다. 그 간절함 끝에 생각해낸 것이 '온라인 우야식당'이었다. 이 온라인 모임에 참여하는 1인가구들의에게 그들이 먹고 싶어 하는 음식을 배달해준 다음, 각자의 공간에서 화면을 켜고 함께 식사를 하며 대화를 나눴다. 어떤 날은 식재료를 그들 집으로 보내 요리 교실을 열기도 했다. 냄비가 끓는 소리, 조리 도구가 부딪히는 소리, 국자를 들고 모니터 앞으로 다가오는 사람들의 웃음소리. 그 시간들이 우리를 연결시켰다. 서로 다른 공간에 있었지만, 함께 식탁에 앉아 있었다.

그 경험은 나에게 또 다른 확신을 줬고, '곁'이라는 이름의 공간을 시작할 수 있게 용기를 불어넣어주었다. 1인가구, 자영업자, 프리랜서 등 삶의 방식이 저마다 달라도 혼자 살아간다는 공통점을 가진 이들을 위한 공간이었다. 서류가 없어도, 핏줄이 아니어도, 서로를 돌보고 싶은 마음이 있다면 연결될 수 있다는 걸 보여주고 싶었다. 제도의 바깥에 존재하더라도 얼마든지 함께 삶을 꾸려갈 수 있다는 것을 증명하고 싶었다.

혼자의 삶을 택했다는 이유로 권리를 제대로 보장하지 않는 사회에도 그 목소리를 분명히 전달하고 싶었다. 2022년 대선은 그 메시지를 '정치'의 언어로 옮길 수 있는 자리였다. 더 불어민주당 서울시당이 1인가구를 서울의 핵심 의제로 삼았을 때, 나는 서울시당 1인가구 선대위원장으로 위촉돼 후보에게 정책을 제안했다. '혼자'란 미완의 삶이 아니며, 그 삶을 선택한 사람은 자신의 생활을 책임지는 엄연한 가장이다. 따라서 1인가구 역시 권리, 안전, 돌봄과 연관된 제도에 어려움 없이 접근할 수 있어야 한다.

가족 너머의 세계

더 넓은 세상에서 가족보다 더 가족 같은 사람들과 관계를 맺는 동안 부모와 적당히 거리를 두는 연습을 했다. 아빠는 드문드문 연락을 해왔지만, 그럴 때마다 안부를 묻기는커녕 비난을 쏟아냈다. "너 때문에 너희 엄마랑 다시 연결됐잖아. 너만 아니었어도……" 나라는 존재로 인해 과거가 되살아나는 것에 대한 불쾌함을 여과 없이 드러내는 말들이었다. 더 이상 내가 아빠의 삶에 끼어들 이유가 없다는 생각이 들었다.

처음에는 그런 말에 속수무책으로 무너지면서도 대꾸조차 하지 못한 채 그저 참아냈다. 그러나 어느 순간부터는 그만하라고, 더 이상 내 탓 하지 말라고 말할 수 있는 힘이 생겼다. 둘의 관계는 둘이 선택한 것이지 내 잘못이 아니라는 것을, 내 존재가 그 누구의 책임도 아니라는 것을 아빠에게도, 나 스스로에게도 당당히 말할 수 있게 된 것이다. 예상치 못한 나의 항변에 적잖이 놀랐는지, 그 뒤로 아빠는 단 한 번도 나를 비난하거나 탓하지 않았다.

아빠가 어디에 사는지, 누구와 함께 지내는지 나는 내내 알지 못했다. 아빠는 자신이 어떻게 살고 있는지 내게 이야기해주지 않았고, 나 역시 굳이 알고 싶지 않았다. 억지로 관계를 이어가야 한다는 의무감조차 점점 사라져갔다. 엄마는 정반대였다. 나와 떨어져 지낸 시간들을 보상받기라도 하려는 듯 지나칠 정도로 다정하고 헌신적으로 다가왔다. 그러나 그 다정함은 늘 '확인'으로 이어졌다. 엄마는 자신이 만나는 사람을 내게 소개하고 싶어 했고, 내가 그 관계를 인정해주길 바랐다. 단순히 "이 사람이야" 하고 알리는 정도가 아니라, "괜찮지?" "너도 만나보면 좋겠지?" "너만 괜찮다고 하면 마음이 놓일 것 같아"라는 식의 말들을 쏟아내며 나를 채근했다.

그 마음을 이해하지 못하는 것은 아니었다. 엄마는 나에게 '허락'을 구하고 싶었을지도 모른다. 혼자였던 시간을, 자신이 선택한 삶을, 그리고 나에게 충분히 쏟지 못했던 마음을 지금이라도 주려 하고 있다는 사실을 내가 인정해주길 바랐을 것이다. 내가 고개를 끄덕이면 엄마도 조금이나마 죄책감을 덜 수 있을 테니까. 조금 더 '괜찮은 엄마'로 설 수 있을 테니까. 하지만 그럴수록 나는 자꾸 짓눌렸다. 엄마의 삶을 승인해주는 사람이 되어야 할 것 같은 부담감, 엄마의 외로움과 불안을 내가 책임져야 할 것 같은 압박감에 시달렸다.

　관계는 저절로 이어지지 않는다. 서로가 조금씩 손을 내밀어야 이어진다. 다만 손을 내미는 것이 '노력'이 아니라 '버팀'이 되는 순간이 있다. 연락을 미루면 죄책감이 따라붙고, 만나고 나면 기운이 빠지고, 돌아오는 길엔 '내가 왜 이렇게까지 했지'라는 허탈감이 몰려오는 관계. 좋아하는 마음과 별개로, 관계를 유지하기 위해 나를 계속 설득해야 하는 관계. 그런 관계는 나를 살리기보다 조금씩 깎아먹는다. 대화를 자연스레 이어가기 어렵고, 침묵이 발생하는 순간마다 무언가를 더 해내야 할 것 같고, 상대의 불안과 기대까지 전부 받아내야 할 것 같은 관계. 내가 더 다정해야 하고 더 이해해야 하고 더 참아야만 겨우 유지되는 관계. 그렇게 한쪽이 계속 무게를 떠안는 관계는 언젠가 반드시 균형을 잃기 마련이다. 결국에는 지친 쪽부터 무너진다.

　중요한 것은 서로의 삶을 침범하지 않는 선에서 이어지고자 하는 마음이다. 그 마음을 지키려면 때로는 거리가 필요하다. 거리는 단절이 아니라 관계를 망치지 않기 위한 최소한의 조건이다. 부모와의 관계도 마찬가지다. 어릴 땐 부모가 세상의 전부였지만, 이제는 수많은 관계 중 하나일 뿐이다. 부모이기에 나를 다 이해할 거라는 기대도, 내가 부모를 다 이해해야 한다는 강박도 내려놓았다. 기대는 늘 실망으로 돌아왔고, 강박은 나를 다치게 했다. 오히려 그 이해하지 못함을 인정할 때

과거에 붙들리지 않고 새로운 관계를 맺을 수 있다.

이따금 나를 키우기 힘들다고 언쟁을 하던 부모 사이에 끼어 어쩔 줄 모르던 어린 시절로 돌아갈 때가 있었다. 부모의 말 한마디에 휘청이고, 내 마음을 이해받지 못했다는 생각에 서러움이 복받쳤다. 하지만 이제 나는 더 이상 그때 그 아이가 아니고, 스스로를 지키며 삶을 책임지고 있다. 내 의사와 무관하게 부모와의 거리가 바짝 좁혀질 때면 다시 흔들리기도 했지만, 그 관계를 조절하기 위해 부단히도 애썼다. 가깝지 않게, 그렇다고 완전히 멀지는 않게.

나의 세계는 가족보다 더 가족 같은 관계가 있음을 깨닫게 되면서 훨씬 더 단단해졌다. 명절이 다가오면 각자의 내밀한 사정으로 집으로 돌아가지 않는 친구들과 모여 음식을 나누고 이야기를 나눴다. 그럴 때면 누가 먼저랄 것도 없이 우리는 가족 이야기를 꺼냈다. 전을 부치고 떡국을 끓이는 동안에는 공연히 다른 이야기만 나누다가도, 밥그릇에 숟가락을 몇 번 부딪고 나면 화제가 결국 그쪽으로 흘러갔다.

누구는 명절이 가까워지면 한없이 작아지고 초라해졌다. 집에 가면 늘 가치 돋친 말들이 기다리고 있었다. 연애는 안 하니, 결혼은 안 하니, 여자답게 좀 하고 다녀라. 친구 자식들과 비교하는 말도 빠지지 않았다. 명절은 가족을 만나는 날이라기보다 가족 앞에서 나를 설명하고 변명해야 하는 날이 되곤 했다. 말끝마다 평가와 비교가 따라붙는 자리에서 자신이 점점 작아지는 기분이 든다고 했다.

애초에 돌아갈 '집'이 없는 친구도 있었다. 가족이 뿔뿔이 흩어져 휴대전화 속 연락처로만 남았거나, 모여도 모이는 게 아닌 집들이 있었다. 어린 시절부터 실질적 가장 노릇을 했던 친구도 있었다. 명절에 집에 가면 쉬는 사람이 아니라 다시 온갖 일을 떠맡는 사람이 된다고 했다. 밥상을 차리고, 어른들의 기분을 살피고, 집안의 문제를 조율하는 등 보호받기는커녕 이런저런 의무나 책임만 떠안아온 이에게 명절은 결코 휴식이 아니었다.

부모의 반복된 폭력 때문에 집을 나올 수밖에 없었던 친구도 있었다. 그 친구에게 '집에 간다'는 것은 그 자체로 안전을 위협받는 일이었다. 폭력이 반복되었던 방, 불안한 마음에 언제나 잠가두어야 했던 문, 몸을 굳게 만들던 목소리들. 그래서 그는 명절이 다가오면 더 단호해졌다. "다시는 돌아가지 않아." 결심이라기보다 살아남기 위한 약속에 가까워 보였다.

커밍아웃을 한 뒤 부모와 절연하게 된 친구도 있었다. "이제 내 삶을 설명하고 싶지 않아. 아무리 설명해도 받아들여지지 않더라." 그 단호함에서 오래 쌓여온 피로가 느껴졌다. 우리는 함부로 위로하지 않았다. 그가 절연이라는 결정을 내리기까지 얼마나 많은 대화를 거듭하고, 얼마나 많은 기다림을 감내해야 했는지 조용히 짐작할 뿐이었다.

전부 가족 안에서는 쉽사리 꺼내기 어려운 이야기들이었

 가족 없는 시대

록. 가족에게 말했다면 다시 평가와 훈계로 되돌아올 문장들, 어렵게 내뱉으려다가도 애써 삼켜온 기억들. 우리는 서로의 어린 시절과 지금의 가족관계를 꺼내놓으면서도, 꼭 모든 것을 낱낱이 다 말하지 않아도 괜찮다는 분위기를 함께 만들어 갔다. 설명을 요구하지 않는 식탁, "그래서 안 가"라는 한마디만으로도 충분한 자리. 명절의 공백을 채운 건 특별한 이벤트가 아니라, 그렇게 서로의 삶을 있는 그대로 놓아두는 대화들이었다. 그 관계 덕택에 무너지지 않고 버틸 수 있었다.

무인도에 살지 않기 위해

언제부턴가 나의 성 정체성에 대해 말하는 일을 더 이상 주저하지 않게 되었다. 가진 것이 더 많아지면 말하지 못하게 될까봐 기회가 될 때마다 가능한 곳에서 커밍아웃을 해왔다. 내가 용감해서라기보다는 마주했던 사람들의 지지가 커밍아웃을 덜 어렵게 만들어주었다. 하지만 가장 가까운 사람들에게는 오히려 나의 성 정체성을 말할 수 없었다.

엄마에게 처음 커밍아웃을 한 것은 서른이 넘은 어느 명절이었다. 조심스럽지만 단호한 말투로 정신병 아니냐고 묻는 엄마에게 나는 담담히 말했다. "엄마, 내가 서른 해를 넘도록 이 말을 못했어. 그건 정신병이 아니라 그만큼 말하기 어려운 일이었던 거야." 다음 날 엄마는 어렵게 다시 이야기를 꺼냈다. "그래도 네가 내 딸이라는 건 변하지 않아. 너의 삶을 지지할게." 그 말 한마디면 충분했다.

아빠에게는 말하지 않기로 했다. 이해받고 싶지 않았고, 이해하리라는 기대도 없었다. 말하지 않는 것이 그나마 서로를 위한 배려라고 믿었다. 그러나 나의 정치 활동이 말썽을 일으켰다. 마포에서 주민들을 만나며 지역 활동을 이어가던 차에 선거에 나서게 되었고, 2022년 지방선거에서 더불어민주당 소속으로 서울 마포구의회 구의원(서교동·망원1동 지역구)에 당선됐다. 내가 선택한 자리였기에 더 이상 숨기기 어려웠다.

구의원에 당선이 되자 인터뷰와 기사들이 자연스럽게 따라왔다. 그중 한 인터뷰에는 내 성 정체성에 대한 이야기가 꽤 비중 있게 담겼다. 아빠에게 그 인터뷰 기사를 공유하지 않았지만, 미디어를 통해 공개된 말들은 결국 아빠 귀에까지 들어갔다. 아빠는 문자 메시지를 보내 나를 추궁하기 시작했다. "아빠 거래처 사람한테 전화가 왔는데, 성소수자가 뭐냐?" 숨이 턱 막혔다. 언젠가 벌어질 일이라고 예상은 했지만, 막상 현실로 닥치니 당황스러웠다.

나는 오랜 시간 나의 성 정체성을 고민해왔고, 그 과정에서 때로 상처를 받기도 했다. 누군가의 말에 움츠러들 때도 많았지만, 많은 사람들이 지지해준 덕분에 조금씩 단단해졌다. 적어도 내게 '나에 대해 말한다'는 일은 이미 몇 번의 계절을 통과한 뒤의 일이었다. 그러나 아빠는 달랐다. 그런 세계를 단 한 번도 생각해본 적 없는 아빠에게는 나의 인터뷰가 큰 충격으로 다가간 듯했다.

다음 날 우리는 통화로 이야기를 나눴다. "그럴 거면 무인도에 가서 살지, 왜 사방팔방 떠들고 다니냐." 그 말이 비수처럼 꽂혔지만 물러서지 않았다. "무인도에서 살지 않으려고 정치를 시작한 거예요. 사람들 속에서 살아가려고요. 누구도 차별받지 않는 세상을 만들 거예요." 내가 어떤 세상을 꿈꾸는지, 어떤 사람이고 싶은지 아빠 앞에서 처음으로 내뱉은 순간이었다. 말하지 않음으로써 버티는 삶을 뒤로하고, 말함으로써 지켜야 할 것을 지키는 삶을 향해 나아가고 싶었다.

시간이 좀 더 흐른 뒤, 우리는 다시 아무렇지 않게 대화하게 됐다. 웬일인지 아빠는 '능력이 된다면 혼자 사는 것도 나쁘지 않다'는 식의 이야기를 꺼내기도 했다. 아빠에게 성소수자란 어딘지 모르게 껄끄럽고 찜찜한 것이었지만, '구의원 딸'이라는 사실이 그런 부정적인 느낌들을 덮어주는 듯했다. 주변 사람들이 농담처럼 이런 말을 건넸다. "구의원 아니었으면 아버지가 못 받아들였을 거야." 웃으며 넘겼지만 씁쓸한 마음은 어쩔 수 없었다. 내 존재 자체가 아니라, 내가 해낸 결과로 인정받는 감각은 익숙하면서도 어딘가 불편했다. 어쨌든 나의 삶이 아빠에게 어느 정도 가닿았다는 데 의미를 두기로 했다.

부모는 내가 어떤 과정을 거쳐 정치의 길을 걷게 되었는지 알지 못했다. 내가 그간 어떻게 살아왔는지도 제대로 알지 못했으니, 어찌보면 당연한 일이었다. 우리는 서로의 삶을 세세히 공유하거나 궁금해하는 관계가 아니었다. 그래서 한동안 우리의 대화는 주로 나의 외모에 관한 이야기로 채워졌다. 옷차림, 헤어스타일, 살이 쪘는지 빠졌는지 같은 이야기들. 그러다 어느 순간엔 돈 이야기가 따라왔다. 모아둔 돈이 있느냐, 앞으로는 어떻게 할 거냐. 그런 말들이 오갈 때마다 숨이 막혔다. 나를 미숙한 존재로 바라보는 부모의 시선에서 평생 벗어나지 못할 것 같아서. 게다가 나는 여자든 남자든 '어느 한 쪽만을 선택해' 살아가야 한다는 규범에서도 한참 벗어난 존재였다.

나는 그 시선이 두려웠다. 내가 다른 이들에게 미완의 존재로 비춰지는 건 아닐까, 잘못 살고 있는 건 아닐까. 그 불안은 꽤 오래도록 나를 따라다녔다. 그래서 역설적으로 더 증명해내고 싶었다. 부모의 도움 없이도, 흔히 말하는 평범한 길을 가지 않더라도, 얼마든지 내가 꿈꾸는 삶을 꾸리고 책임질 수 있다는 것을. 내가 선택한 방식으로도 충분히 잘 살아갈 수 있다는 것을.

내 삶은 늘 정상이라 불리는 기준 바깥에 있었다. 정상가족과 돌봄 없는 가정에서 버티고, 남들에게 이해받기 어려운 관계 안에서 나를 지켜내기 위해 오랜 시간 내 존재를 설명하며 살아야 했다. 그러다 어느 순간부터는 이런 삶을 겪는 또 다른 이들이 눈에 들어왔다. 나와 비슷한 경험을 가진 이들이 사회 곳곳에 존재하고 있었고, 그들의 삶 역시 해석되고 이해받을 언어와 제도의 자리를 찾지 못한 채 부유하고 있었다.

정치가 나의 삶과 동떨어진 것이 아니라면, 말해지지 않던 존재들을 사회의 언어로 드러내는 일 또한 정치여야 한다. 나는 지금 그 자리에 서 있다. 제도의 빈틈과 기준의 문턱에 가로막혀 살아가는 사람들의 목소리를 함께 전하기 위함이다. 누군가는 혼자 산다는 이유로, 누군가는 법적 가족이 아니라는 이유로, 또 누군가는 '비정상'이라는 낙인 때문에 언제나 자신의 존재를 변명하면서 살아간다. 이들에게 제도는 넘을 수 없는 문턱과도 같다.

이제 그 문턱 앞에 멈춰 있지 않으려고 한다. 그 벽을 아주 조금이라도 낮추기 위해, 정치라는 자리에 서보기로 했다. 가족 너머의 세계를 상상하고 지어가기 위해서라도 내가 누구인지 감추지 않으려 한다. 싸움이 필요할 때는 싸우고, 연결이 필요한 순간에는 손을 내밀고, 누군가 돌봄을 요청할 때에는 응답할 수 있는 사람으로 살아가면서 내가 할 수 있는 역할들을 찾아나가려 한다. 무인도가 아닌 이 사회의 구성원으로 살아가기 위해서.

'누군가의 삶을 대표한다'는 말은 여전히 조심스럽다. 내가 감히 누군가의 자리를 대신 말할 수 없다는 것을 모르지 않기 때문이다. 다만 내가 겪어온 이야기를 숨기지 않고 꺼내놓을 때, 비슷한 시간을 지나온 사람들이 "나도 그랬다"며 짧지만 묵직한 지지를 건네주는 순간들이 여럿 있었다. 그럴 때면 내가 하고 싶은 일이 '대표'가 아니라, 먼저 용기 내어 말해보는 일에 가깝다는 것을 깨닫게 된다. 가족의 빈자리를 감당하며 버텨낸 시간들은 나를 지켜주는 다른 관계들을 발견하고, 그 속에서 나의 자리를 새롭게 찾아가는 과정이었다. 이제는 그 경험을 붙잡은 채 다른 이들의 삶에 연결되고 싶다.

가족 없는 시대

3.

예고 없이
닥친 돌봄

시작은 전화 한 통

아빠와 연락이 끊겼다. 금전 문제로 어렵게 전화를 걸었는데, 며칠 뒤에 연락하겠다는 말만 남기고는 감감무소식이었다. 내가 다시 전화를 걸었을 때는 바쁘다며 서둘러 끊었고, 그 이후로는 내 전화를 아예 받지 않았다. 단념은 빠르게 찾아왔다. 결국 이번에도 나 혼자였구나. 그렇게 생각하며 마음을 접었다. 이제는 정말 내 힘으로 살아가야겠다고 다짐했다. 더 이상 아빠에게 도움을 구하지 않겠노라고, 그렇게 스스로와 약속했다.

그러던 어느 날 밤, 낯선 번호로 전화가 걸려왔다. 모르는 번호였지만 받아야 할 것만 같은 묘한 기분이 들었다. 아빠와 함께 산다는 여자의 전화였다. 조심스럽게 말을 꺼낸 그녀는 아빠가 요즘 이상하다고 했다. 자꾸 차 사고를 내고 깜빡깜빡

하는 증상이 심해졌다고. 그 말에 심상치 않은 기운이 느껴졌지만 크게 걱정하지 않았다. 함께 사는 사람이 있으니, 무슨 일이 있더라도 알아서 하겠지.

　이미 오래전부터 아빠와 물리적으로나 감정적으로 거리를 두며 살아온 내가 직접 개입할 필요는 없다고 생각했다. 그럼에도 직접 확인해보고 싶었다. 내가 할 일은 아니라 하더라도, 완전히 외면하기는 어려웠다. 결국 아빠의 공장으로 찾아갔다. 2년 만에 마주한 아빠는 낯설었다. 나와 만나기로 한 약속조차 기억하지 못했다. 당황스러움은 금세 불안으로 번졌다. 혹시 치매인가? 하지만 그 순간에도 나는 의심을 외면했다. 바쁘고 피곤해서 일시적으로 그런 걸 거라고 넘기고 싶었다.

　돌아오는 길에 엄마에게 전화를 걸었다. 나보다 아빠와 더 자주 연락을 주고받던 엄마는 아빠가 최근에 보이스피싱을 당했다고 말했다. 공장을 무리하게 확장하며 자금난을 겪는 와중에 그 상황을 타개해보려다 더 깊은 구렁텅이에 빠졌다는 것이다. 그 사건을 계기로 공장 사정이 더욱 나빠지면서 평소 자신의 건강을 과신하던 아빠가 병들기 시작한 듯했다. 어째 점점 더 불안해졌다.

　아빠와 함께 살던 여자는 아빠의 보호자를 자처하면서도 나와 통화할 때마다 돈 이야기를 꺼냈다. 본인이 아빠에게 돈을 얼마나 빌려줬는지, 아빠가 공장 직원들 임금을 어떻게 못 주고 있는지. 처음엔 왜 나에게 이런 구구절절한 이야기를 늘어놓는지 그저 짜증이 났다. 하나같이 나에게 책임을 미루는 듯한 말들. 그러나 사태는 나의 감정과 상관없이 흘러갔다. 아빠의 인지기능이 급격히 떨어지면서 새로운 사실들을 마주하게 됐다. 아빠는 두 명의 여자를 동시에 만나고 있었다. 그 사실은 나뿐만 아니라 그들 모두에게도 충격이었다. 아빠는 나를 핑계 삼아 두 사람 모두에게 들락거렸던 모양이다. 딸을 만나러 간다면서. 그래서였을까. 그들은 나를 '자주 만나는 딸', '가까운 자식'으로 여기는 듯했다.

나는 그들과 마주치고 싶지 않았다. 그러나 아빠는 내 의사와 상관없이 기어코 나를 그들 앞에 세웠다. "아빠 체면 좀 살려줘라. 인사도 좀 잘하고." 그 순간에도 아빠는 나보다 그들을 먼저 생각하고 있었다. 일말의 배려 없이 그저 나를 이용하려는 듯했다. 다시 어린 시절로 돌아간 기분이었다. 원치 않는 사람과 맺어야 했던 관계들, 그 속에서 나의 감정은 늘 나중이었다. 어째서 마흔이 다 되어서까지 아빠의 여자 문제를 감당해야 하는지 이 상황이 기가 막히고, 한심하고, 슬펐다.

그러던 어느 날, 처음엔 존댓말을 쓰며 전화를 걸어오던 여자에게서 이런 문자가 왔다. "네 아빠 우리 집에서 나간 지 열흘이 넘었어. 네가 알고 있어야 할 것 같아서." 그건 통보였다. 이제 자신과는 관계가 끝났으니 그를 돌보는 건 내 몫이라는 일방적인 통보. 공장을 함께 운영하던 또 다른 여자는 아빠의 상태가 나빠지자 법인 명의를 급작스레 아빠 앞으로 돌려놓고는 공장에서 혼자 빠져나가려 했다. 아빠에게 남겨진 건 건강하지 않은 몸, 정리되지 않은 사업체, 수 개월치의 밀린 임금, 그리고 얼마인지 규모조차 정확히 알 수 없는 빚이었다.

그들과 아빠는 법적으로 아무런 관계도 아니었다. 함께 산 세월도, 사업을 같이 꾸린 시간도, 가족관계증명서에는 남지 않으니까. 그들에게는 보호자로서의 권한도, 책임도 없었다. 그렇다고 아빠와 이혼한 지 30년 가까이 된 엄마에게 함께 책임지자고 말할 수도 없는 노릇이었다. 결국 법적 보호자인 나만 남았다. 그렇게 아빠는 나에게 왔다.

'왜 하필 나야?' 하는 질문이 머릿속에 계속 맴돌았다. 아무리 생각해도 억울해서 받아들이기 어려웠다. 돌봄에 준비는 없었다. 그저 그렇게 아무런 예고 없이 닥쳤다. 누구도 이 일을 대신해줄 수 없었다.

무너지고 다시 세우고

처음에는 실감이 나지 않았다. 내가 아빠에게 받은 게 뭐가 있다고. 성인이 된 후로는 각자의 삶을 살아왔고, 어디에서 누구와 지내는지조차 알지 못했던 관계인데 왜 이 모든 책임이 고스란히 내게 돌아오는 건지 억울하고 허망했다. 그러면서도 마음 한구석에서는 또 다른 목소리가 들려왔다. 그래도

 가족 없는 시대

한때 나를 키워줬으니까. 그래도 나를 버리지는 않았으니까. 스스로를 설득해보려 부단히도 애쓴 시간이었다.

하지만 이내 그 생각조차 나를 흔들어놓았다. 자식을 키우는 건 본래 부모가 해야 할 일 아닌가. 그 당연한 일을 과연 내가 감사해야 할 일로 되새겨야 할까. 설득의 목소리와 반발의 목소리가 뒤섞이며 마음속이 복잡해졌다. 이해하려는 마음과 납득할 수 없는 현실 사이에서 감정은 계속해서 요동쳤다. 복잡하게 뒤얽힌 마음을 누구에게도 시원스레 털어놓지 못한 채 혼자서 씨름해야 했다.

무엇보다 막막했다. 마음을 다잡는 것도 어려웠지만, 무엇을 해야 할지조차 알 수 없었다. 어디서부터 시작해야 하는지, 어떤 절차가 필요한지, 무엇을 알아야 하는지 전혀 감이 잡히지 않았다. 나 1인분의 일상을 살아내기도 벅찬 와중인데 돌봄이라는 또 다른 책임이 갑작스레 덮친 이 상황을 어떻게 감당해야 하나. 발을 채 디디기도 전에 땅이 무너져내리는 느낌이었다.

틈이 날 때마다 포털에 '치매' '노인 돌봄' '장기요양' 같은 단어를 검색했다. 그 삶의 무게는 키보드를 두드리는 손가락에도 그대로 실렸다. 마음은 점점 무거워졌다. 관련된 온라인 카페에도 가입해 다른 사람들의 사연을 읽었지만, 그 과정 자체가 쉽지 않았다. 마주하게 되는 글들 대부분이 절박했다. 갑작스레 돌봄을 떠안게 된 이들의 혼란, 폭력성과 배회가 심한 치매 남성 노인을 감당하기 어려워하는 가족들의 분노, 그리고 단 한 줄이라도 도움이 되는 조언을 구하고자 절실하게 적어내려간 이야기들.

국가에서 제공하는 서비스나 제도가 아예 없다고는 할 수 없었지만, 한계가 너무도 분명했다. 제도의 허점 속에서 사람들은 자신이 가진 정보와 경험을 나누며, 조금이라도 덜 힘겹게 버틸 방법을 찾아가고 있었다. 그리고 나 역시 그중 한 사람이 되어가고 있었다. 이런 상황을 완벽하게 대비할 수 있는 이는 아무도 없겠지만, 적어도 나 혼자만 겪는 일은 아니라는 사실이 그나마 위로가 됐다.

아빠의 상태를 어떻게 받아들여야 할지 갈피를 잡지 못하다가, 결국 아는 사람들에게 하나둘 연락을 돌려보기로 했다. 가장 먼저 떠오른 사람은 마포의료복지사회적협동조합에서 일하는 지인이었다. "아빠가 치매인 것 같은데 무엇을 준비해야 할까요?" 이어서 울림두레돌봄사회적협동조합에서 활동하는 또 다른 지인에게도 연락했다. "장기요양등급은 어떻게 받는 거예요? 집으로 방문하는 요양보호사는 어떻게 찾죠?" 그들은 두서없이 질문을 쏟아내는 나를 안정시키면서 여러 정보와 조언을 기꺼이 나누어주었다.

정보가 전무한 상태에서 돌봄 문제를 해결할 방법을 하나씩 찾아가는 것도 벅찼지만, 더 복잡하고 무거운 걱정거리는 따로 있었다. 바로 아빠가 운영하던 공장과 법인, 그리고 꽤 오

가족 없는 시대

래 떠안고 있던 채무 문제였다. 그 법적 책임이 자칫 나에게 전가되는 것은 아닌지 두려웠다. 단순히 아빠를 돌보겠다는 마음의 결단만으로 끝날 일이 아닐 수도 있다는 불안이 엄습했다. 고민 끝에 법인을 운영하는 지인에게 연락해 상황을 설명하고 변호사를 문의했다. "혹시 법인과 회사 운영 관련해서 믿을 만한 변호사를 추천해주실 수 있나요?" 나는 지금 이 상황이 내게 어떤 법적 영향을 미칠 수 있는지, 그리고 앞으로 내가 감당해야 할 것이 무엇인지 미리 알고 싶었다. 책임을 회피하기 위해서가 아니라, 최소한 그 무게를 감당할 준비를 하기 위해서. 막연한 불안에 갇혀 있지 않기 위해서는 정보라도 얻어내야 했다.

나는 극심한 스트레스를 받을 때나 중대한 결정을 앞두고 있을 때 종종 주변 사람들에게 연락을 돌리곤 한다. 스스로 정리되지 않은 마음과 상황을 누군가에게 한번 소리 내어 꺼내야만 비로소 실마리가 보여서다. 그들의 의견을 들으며 내 생각을 다듬고, 여러 조각들을 맞춰보며 최종 판단에 이른다. 그렇게 하나둘 연락을 취하다 보니 문득 어려울 때 연락해서 조언을 구할 수 있는 사람들이 곁에 있다는 게 새삼 감사히 느껴졌다. 그나마 다행이었다.

가족 없이 오랫동안 살아온 나였지만, 어렵고 힘든 일이 있을 때마다 마포라는 지역에서 맺은 느슨하지만 든든한 연결망에서 도움을 받아왔다. 그 망 안에는 제도를 해석해주는 사람, 경험을 공유해주는 사람, 방향을 고민해주는 사람들이 있었다. 그런데 이마저도 없는 사람들은 어떻게 살아내고 있을까. 정보가 없어서, 절차를 몰라서, 도움을 요청할 방법을 몰라서 결국 돌봄을 포기하게 되는 사람은 또 얼마나 많을까. 이 과정을 흘려보내지 않고 기록해야겠다고 생각한 건 그 때문이었다. 이 이야기가 단지 나라는 개인의 경험에 그치지 않고 같은 책임 앞에서 절망할 다른 누군가가 의지할 수 있는 버팀목이 되었으면 했다.

아빠와 함께 있던 어느 날이었다. 아빠는 전화를 받더니 조금 뒤 나에게 휴대전화를 건네며 이렇게 종용했다. "네가 대신 갚겠다고 해." 내가 단호히 거절하자 아빠는 불같이 화를 냈다. "그런 거 하나 못해주냐!" 아빠의 채권자는 법적으로 나에게 빚을 알리거나 요구할 권한이 없다. 하지만 아빠의 그런 행동으로 볼 때, 가만히 있다가는 나와 아무런 관련도 없는 채무에 휘말릴 게 뻔했다. 아빠를 돌볼 수는 있어도, 그 빚까지 감당할 수는 없다고 결심했다.

며칠 뒤 아빠로부터 전화가 걸려왔다. "사람이 찾아왔는데 무슨 말을 하는지 모르겠다." 아빠는 전화를 곧장 다른 사람에게 넘겼다. 또 다른 채권자였다. 그제야 분명히 알게 됐다. 의도했든 아니든 아빠가 나에게 자신의 일들을 하나둘 떠넘기고 있다는 것을. 재정 상황이 이미 손쓸 수 없는 수준까지 나빠진 상황에서 아빠는 자신을 보호하기 위해 본능적으로 나에게

　　　　　가족 없는 시대

그 책임을 미루고 있었다.

그 순간 문득 이런 생각이 들었다. '나를 지켜주는 사람은 누구일까. 그런 사람이 세상에 있긴 할까.' 아빠는 지금껏 단 한 번도 나를 지켜준 적이 없었다. 심지어 무의식에조차 그런 마음이 전혀 없는 듯했다. 하지만 묘하게도 그럴수록 아빠를 조금이나마 이해해보고 싶다는 생각이 들었다. 얼마나 벼랑 끝에 내몰려 있었는지, 평생을 얼마나 외롭고 막막하게 살아왔는지가 눈앞에 선했다.

그런 상황에서도 여전히 아빠를 이해하려 애쓰는 스스로가 안쓰럽기도 했다. 왜 나는 늘 이해하는 사람이어야 할까. 왜 나만 이 관계에서 자리를 지켜야 하나. 오래도록 내 곁에 머무른 이 질문 속에서 천천히 방향을 바꿔나가야 했다. 더는 나를 보호해주지 않는 관계에 기대하거나 기대지 않으면서. 누군가 나를 보호해주지 않는다면 이제는 내가 나를 지켜야 했다. 무엇보다 중요한 건 나 자신에게 충실하며 다시 서는 일이었다. 그때는 타인을 이해하는 일보다 그게 더 절박했다.

보호자가 된다는 것

1년에 한두 번 연락이 오갈까 말까 하던 아빠는 어느 시점부터 내게 하루 수십 통씩 전화를 걸어오기 시작했다. 단순한 건망증이 아닌 건 분명했다. 사태의 심각성을 충분히 실감할 수 있었다. 주변 사람들은 하나같이 치매를 의심했고, 처음 내게 연락을 해왔던 여자는 병원 처방전을 보내며 아빠가 당뇨 합병증을 앓고 있다고 전했다. 의사가 치매는 아니라고 했다는 말도 덧붙였다. 하지만 벌써 50일 전의 진단이었기에 다시 한번 검사를 받아봐야 했다.

아빠의 치매 가능성을 인식한 후, 내가 사는 마포구에서 시행 중인 치매 관련 정책과 사업들을 살펴봤다. 대부분 국가 차원의 사업이었고, 어느 지역이든 보건소를 기반으로 치매안심센터가 운영되고 있었다. 치매 상담, 조기 검진, 가족 지원 프로그램이 함께 이루어지고 있었고, 다행히 아빠 공장 근처에도 센터가 있었다. 곧장 예약을 진행했다.

치매안심센터의 검진은 세 단계로 이루어져 있었다. 1단계는 기본 기본적인 인지기능을 확인하는 선별검사, 2단계는 전문의의 문진과 심층 진단, 3단계는 MRI 촬영이나 혈액검사 등을 포함한 감별검사였다. 센터에서는 1단계와 2단계까지만 진행할 수 있었고, 3단계 검사는 종합병원에서 별도로 받아야 했다. 1단계 검사와 2단계 검사를 한 번에 마치기 위해 협력병원 소속 의사가 방문하는 날로 예약 일정을 잡았다.

통화할 때만 해도 흔쾌히 가보자던 아빠는 막상 병원에 가는 날이 되자 단호히 거부했다. "병원은 싫어." 우선 밥부터 먹자고 달래며 아빠를 식당으로 데려갔다. 이른 점심을 먹으며 차근차근 이야기했고, 아빠는 마지못해 따라나섰다. 어렵사리 도착한 치매안심센터에서 약 두 시간에 걸쳐 검사가 이루어졌다. 중간중간 보호자인 내가 함께 검사실에 들어가기도 했다.

검사 결과는 예상과 달랐다. '치매 판정 불가'. 인지기능 저하는 분명히 확인되었지만, 그것이 단순한 노화에 따른 건망증인지, 질병으로 분류되는 초기 치매인지 구분하기 어렵다는 소견이었다. 간호사는 조심스럽게 말을 보탰다. "알츠하이머는 아닌 것 같지만, 뇌신경 쪽에 이상이 있어 보여요. 저희 시아버지랑 증상이 비슷하네요." 단순한 치매가 아니라, 다른 유형의 뇌질환일 가능성이 높았다. 치매에도 여러 유형이 있었지만, 치매안심센터에서 진행할 수 있는 검사는 여기까지였다.

정확한 진단을 위해서는 MRI 촬영과 정밀검사가 필요했다. 그런데 3차 의료기관인 대형 종합병원에서 좀 더 정교한 감별검사를 받기 위해서는 반드시 1·2차 의료기관의 의뢰서가 필요했다. 치매안심센터에서 받은 검사 결과만으로는 다음 단계로 넘어갈 수 없었다. 나는 진단검사를 담당한 의사에게 추가적인 정밀검사가 필요하다는 소견서를 요청했다. 다행히 의사는 아빠의 상태를 고려해 해당 내용이 담긴 소견서를 작성해주었다. 그제야 종합병원에서 진료 예약을 진행할 수 있었다.

며칠 뒤 예약해둔 종합병원에 갔다. 사실 병원은 나에게도 익숙하지 않은 공간이었다. 아파도 혼자 참고 넘기는 일이 많았던 나였기에 낯선 공간에 '보호자'라는 이름으로 들어서는 것이 무척 긴장됐다. 먼저 병원 건물부터 천천히 둘러봤다. 접수 창구는 어디고, 진료실은 몇 층에 있는지, 화장실은 어디인지. 아빠를 데리고 다니려면 나부터 이곳을 익혀두어야 할 테니까.

진료실 앞에서 담당 간호사에게 예약을 확인한 뒤 함께 기다리는 동안 아빠에게 일상적인 대화를 건넸다. 나에게 하는 말 같기도 했고, 긴장한 아빠를 안심시키기 위한 말 같기도 했다. 익숙하지 않은 병원이라는 공간에서 우리는 어설프게 서로를 다독이고 있었다. 잠시 후, 아빠의 이름이 불렸다. "차○○ 환자님!" 익숙한 이름 뒤에 붙은 호칭이 낯설게 가슴에 박혔다.

작은 진료실 안에서 정신건강의학과 담당 의사를 마주했다. 치매안심센터에서 진행했던 검진과 비슷한 질문들이 이어졌다. 아빠에게 인적사항을 확인하고, 지금 누구와 살고 있는지, 무슨 일을 하는지, 잠은 잘 자는지, 요즘 기분은 어떤지, 운전할 때 불편한 점은 없는지 등을 물었다. 아빠는 능숙하게 대답했지만, 그중 사실은 거의 없었다. 처음 만난 사람이라면 그대로 믿었을 법한 말들이었다. 아빠의 말이 이어질 때마다 나는 의사를 바라보며 조용히 고개를 저었다. 잠시 후, 의사가 상담을 종료하고 이렇게 말했다. "보호자님은 남으시고 환자분은 잠깐 밖에서 대기해주세요."

아빠가 나가고 진료실 문이 닫히자 비로소 나의 이야기가 시작되었다. "저희 아빠가 방금 한 말들은 대부분 사실이 아닙니다. 함께 살던 분 집에서 이미 나와 계시고, 공장은 운영을 멈춘 지 한 달이 넘었어요. 그런데 아빠는 여전히 본인이 일하고 있다고 믿고 있어요. 저도 아빠와 같이 살지 않아 정확한 상황을 다 알지는 못해요." 말을 잇는 도중에 갑작스레 눈물이 터졌다. 울지 않으려 했는데, 생각보다 쉽게 무너졌다. 의사는 사정의 절박함을 읽은 듯 바로 MRI 촬영과 정밀검사를 진행하자고 했다. 초진만 받고 돌아갈 줄 알았는데 곧바로 검사를 받을 수 있어 다행이었다.

환자복으로 갈아입은 아빠의 모습은 무척이나 낯설었다. 이런 모습은 처음이었다. 엄할 때든 다정할 때든 내게는 언제나 큰 사람처럼 느껴졌던 아빠였는데, 그날따라 유난히 왜소해 보였다. 검사실은 여러 층에 흩어져 있었다. 아래층에서 위층으로, 이쪽에서 저쪽으로. 검사를 받을 때마다 이리저리 계속 옮겨 다녀야 했다. 나는 아빠를 부축하며 조용히 안내했다. "여기예요. 이쪽이에요." 아빠를 기다리면서 보호자라는 말이 묵직하게 다가왔다.

내가 병원비를 계산하자 아빠는 잠자코 있었다. 치료비가 많이 나오진 않았는지 걱정하는 눈치였다. 이번 달에는 공장 일이 잘 풀릴 거라며, 납품을 하면 돈이 들어올 테니 병원비는 나중에 보내주겠다고 덧붙였다. 공장은 이미 멈춰 있었고, 일하던 사람들도 모두 떠난 지 오래였다. 하지만 아빠의 인식 속에서는 공장이 여전히 돌아가고 있었고, 자신은 여전히 일하는 사람이었다. 나는 잠시 말을 잇지 못하다가 애써 웃으며 말했다. "걱정 마세요. 딸이 아빠 종합검진 하나쯤은 해드릴 수 있어요."

검사 결과를 확인하기 위한 다음 진료일은 이틀 뒤였다. 하지만 아빠는 병원에 가지 못했다. 공장에서 일하던 이주노동자의 임금 체불 문제를 해결하러 노동청에 가야 했기 때문이다. 아빠와 함께 마지막까지 일했던 직원이 직접 아빠를 모시고 출석하겠다고 했다. 그는 이 일만큼은 어떻게든 책임지고 마무리하고 싶어 했다. 다행히 간이대지급금 제도를 통해 근로복지공단이 이주노동자에게 밀린 임금을 지급해줄 수 있었지만, 그사이 어렵게 예약해둔 종합병원 진료일이 지나가버리고 말았다.

결과를 확인하기 위해 다시 병원 예약을 잡으려 했지만, 가장 빠른 일정은 한 달 뒤였다. 진단은 미뤄졌고, 받고 있던 치료도 급작스레 중단됐다. 상황이 좀처럼 나아지지 않은 채로 시간만 계속 흘러갔다. 그사이 나는 조금씩 아빠의 일상을 감당해나가기 시작했다. 외동아들의 외동딸, 이 관계를 대신해줄 사람은 어디에도 없었다. 누구에게도 떠넘길 수 없었고,

누구도 대신 나서주지 않았다. 혼자인 내가, 혼자인 아빠를 돌보기 시작했다.

혼자가 혼자를 돌보다

아빠는 내가 집에서 쫓겨난 뒤 잠시 머물렀던 공장 사무실 한쪽 구석에서 홀로 생활하고 있었다. 일하던 사람들이 모두 떠난 뒤였음에도 여전히 그들이 출근하고 있다고 믿었고, 심지어 과거에 함께 일했던 사람들까지 여전히 그곳에서 일하고 있다고 확신했다. 사람은 온데간데 없고, 짐과 물건만 가득한 공장이었지만 나는 그곳이 아빠에게 가장 안전한 공간이리라고 판단했다. 익숙한 공간이 아빠의 망상을 키운 듯했지만, 어떤 면에서는 그 익숙함이야말로 아이러니하게도 아빠를 가장 편안하게 만들어주었다.

가장 큰 부담으로 다가온 것은 식사 문제였다. 처음에는 그저 일주일 치 끼니를 미리 준비해두면 그만일 줄 알았다. 장을 봐서 냉장고 가득 음식을 채우며 무엇이 있는지 알려줬다. 아빠가 스스로 챙겨 먹을 수 있을 거라고 생각했던 것이다. 하지만 그 방식은 오래가지 못했다. 아빠는 음식을 조절하지 못했다. 결국 끼니 때에 맞춰 일일이 음식 배달을 보내는 방법을 써야 했다. 배달을 시키기 전에 아빠에게 먼저 연락을 하고, 배달기사에게 아빠가 잘 받았는지 확인했다. 그러나 그조차 한계가 있었다.

떨어져 있는 아빠를 24시간 밀착해서 돌보는 것은 사실상 불가능했다. 그렇다고 내가 아빠가 있는 경기도로 이사하는 것도, 아빠를 내가 사는 서울로 데려오는 것도 쉬운 일이 아니었다. 아빠도 원룸, 나도 원룸. 각자 혼자 살기에는 충분했지만, 둘이 함께 살기에는 턱없이 부족한 공간이었다.

어느 날, '031'로 시작하는 낯선 번호가 부재중 전화에 떠 있었다. 그리고 역시나 낯선 휴대폰 번호로 문자 한 통이 도착해 있었다. "안녕하세요, C 미용실입니다. 차○○씨가 아버님이죠? 시간 나실 때 전화 주세요." 갑자기 웬 미용실인가 싶어 의아한 마음으로 전화를 걸었다. 미용실 사장님은 조심스러운 목소리로 말했다. "따님, 아버지 상태…… 아시죠? 아버지가 저희 매장 앞에 짐을 두고 가셨어요. 좀 치워주실 수 있을까요?

잠자코 사장님의 이야기를 듣는데, 처음에는 무슨 말인지 도통 이해하기 어려웠다. 알고 보니 맥락은 이랬다. 그곳은 아빠가 20년 동안 다니던 단골 미용실이었다. 아빠는 누군가 공장에 몰래 들어와 중요한 문서와 물건들을 훔쳐갔다고 믿었고, 그것들을 지키기 위해 짐을 아무렇게나 싸서 끌고 다니기 시작했다. 그렇게 동네를 배회하다가 미용실 앞까지 간 듯했다. 미용실 사장님은 짐을 한가득 수레에 싣고 돌아다니는 아

　　　　　가족 없는 시대

빠를 발견하고는 이렇게 물었다. "사장님, 이 짐 뭐예요?" 그러자 아빠는 대수롭지 않다는 듯 "짐을 맡길 창고를 찾고 있는데 마땅한 곳이 없어서"라고 답했다. 사장님은 잠시 고민하다가 그럼 자기가 맡아줄 테니 미용실 앞에 잠깐 두고 가라고 했단다. 망상 증세가 점점 심해지고 있는 게 틀림없었다.

그러나 문제는 거기서 끝나지 않았다. 며칠 뒤 미용실 CCTV를 확인해보니 새벽에 어떤 여자와 함께 차를 타고 와 짐을 더 적재해놓고 가는 모습이 찍혀있었다고 한다. 사장님은 나에게 그 이야기를 전하며 조심스럽게 말했다. "아버님이랑 함께 살던 분 같아요." 그 말을 듣는 순간 머릿속이 복잡해졌다. 아빠가 정말로 모두에게 버려졌다는 사실을 확인하는 순간이었다.

나는 일을 마치자마자 차를 몰고 미용실로 향했다. 도착한 미용실 앞에는 테이프와 끈으로 칭칭 감긴 짐들이 무질서하게 쌓여 있었다. 나는 그것들을 하나씩 떼어 정리한 뒤 차에 싣고 곧장 아빠 공장으로 향했다. 아빠를 보자마자 미용실에 짐을 두고 왔냐고 물었지만, 기억조차 하지 못했다. 답답한 마음을 가까스로 누르고 천천히 대화를 이어가보려 했다. 그러자 아빠는 마치 어제 있었던 일처럼 태연하게 말했다. "미용실 사장님이 창고를 빌려주기로 했어. 그래서 거기다 짐을 맡겨둔 거야……" 그저 말없이 바라볼 수밖에 없었다. 아빠는 자신만의 세상에서 살아가고 있었다. 나와 다른 사람들은 도통 이해할 수 없는 세상이었다.

　종합검진 결과를 듣기 위해 어렵게 다시 잡은 병원 진료일이 돌아왔다. 사실 그날 나는 빼기 어려운 일정이 있었다. 하지만 아빠 혼자 병원에 가기는 무리인 상황이었기에 치매안심센터에 전화를 걸었다. "아빠가 지금 혼자 사시는데, 병원 동행을 요청할 수 있을까요?" 돌아온 답변은 예상 밖이었다. "자녀분이 계시기 때문에 병원 동행이 어렵습니다." 순간 말문이 막혔다. 그리고 황당함이 밀려왔다. 애써 마음을 가라앉히며 다시 물었다. "그럼 제가 해외에 있거나 아예 갈 수 없는 상황이면요? 그래도 혼자 있는 저희 아빠는 자녀가 있다는 이유로 병원 동행 서비스도 받지 못하나요?" 더 들어볼 것도 없이 답은 이미 정해져 있었다. (병원에 혼자 가기 어려운 1인가구, 가족이 존재하더라도 곁에 없는 사람들을 대상으로 하는 경기도 병원 안심동행 서비스가 있었지만, 당시 아빠의 거주지는 해당되지 않았다. 아빠가 떠난 2025년, 그 지원이 아빠가 거주했던 지역으로까지 확대되었다.)

　내가 없었더라면 아빠가 바로 행정적 지원을 받을 수 있는 어처구니없는 상황이었다. 가족이 있다는 이유만으로 도움을 요청할 수 없다는 게 기가 막혀서, 곧장 주민센터로 달려가 '가족관계 해체 및 부양거부·기피사유서'라도 작성해야 하나 싶었다. '서류상으로는 가족이지만, 저는 부양할 수 있는 능력이 없습니다. 부양 의무를 이행하지 못하겠습니다.' 내가 아빠와 아무 관계도 아니라는 걸 행정적으로 증명하고 싶었지만,

　　　　　　가족 없는 시대

차마 그럴 수도 없는 노릇이었다. 행정 절차를 밟을 때마다 내 존재 자체가 걸림돌이라는 것을 확인하게 됐다. 돌봄에 대한 책임감을 겨우 붙잡고 위태롭게 나아가고 있는데, 제도가 자꾸 돌봄을 포기하고 싶게 만들었다.

엄마는 아빠의 돌봄을 전담하는 나를 걱정하면서도 본인은 책임을 나눌 수 없는 사람이라며 선을 그었다. 병든 아빠를 보면 눈물이 날 것 같다고도 했다. 그러면서 내게 딸이니 아빠를 돌봐야 하지 않겠느냐고 했다. 어쩔 수 없는 일이라고. 돌봄도 감당하기 어려운데, 엄마의 그런 감정까지 받아내야 하는 상황을 납득하기 어려웠다. 정작 돌봄의 몫을 나누지는 않으면서 주변에서 말만 얹는 사람들이 너무 많았다.

병원, 행정기관 등에 동행하기 위해서는 아빠의 주민등록증이 필요했다. 어딘가에 잃어버렸는지 여기저기 샅샅이 뒤졌는데도 찾을 수 없었다. 하루 빨리 재발급을 받아야 했고, 증명사진을 찍기 위해 아빠와 함께 사진관을 찾았다. 어색하게 카메라 앞에 선 아빠를 보는데 문득 이런 생각이 스쳐갔다. '이 사진이 아빠의 영정사진이 될 수도 있겠구나.' 막연한 예감이었지만 마음 한구석이 무거워졌다.

새로 찍은 사진을 받아들고 주민센터 민원창구로 아빠를 데리고 갔다. 손가락 지문을 확인해 주민등록증 발급 신청을 하려는데 담당자가 의외의 이야기를 전해주었다. "아버님께서 수령하지 않은 주민등록증이 이미 발급되어 있습니다." 아빠가 이전에도 이런 행정 처리를 제대로 하지 못한 채 살아왔다는 것을 짐작할 수 있었다. 나는 다시 사진관에 연락해 증명사진의 원본 파일을 메일로 보내달라고 요청했다. 그 사진이 마지막이 될 수도 있다는 생각이 다시금 선명해졌다.

아빠의 인지기능이 급격히 저하되던 시기, 나는 성년후견 제도를 알아보았다. 그러나 법적으로 후견인이 되면 병원 수속, 재산 관리, 법률행위 대리를 모두 맡을 수 있었지만, 그만큼 책임과 감시가 따랐다. 무엇보다 후견을 신청하는 순간 아빠의 공장 경영, 채무에 대한 책임이 고스란히 나에게 전가될까봐 두려웠다. 딸이라는 이유로 그런 법적 책임까지 짊어지고 싶지는 않았다. 게다가 신청한다고 해서 그 즉시 후견인이 될 수 있는 것도 아니었다. 결과가 나오기까지 평균 2~3개월은 기본이고 길게는 6개월 이상 소요될 수도 있었기에 그것만 기다리고 있기엔 시간이 부족했다. 결국 후견을 포기할 수밖에 없었지만, 대신 분명히 선을 긋기로 했다. 병원 수속과 진료 동행, 필요한 정보를 정리하는 일까지는 내가 하되, 공장과 채무, 계약과 재산에 내 이름을 얹는 일은 하지 않겠다고. 딸이라는 이유로 법적 책임까지 떠안지는 않겠다고.

수면장애가 있던 아빠는 말을 하는 도중에 종종 잠들어버리곤 했다. 책상에서 손을 괴고 자 버릇한 지 오래된 듯했다. 그 습관이 손을 굳어지게 하는 데도 한몫했을 것이다. 그러던 어느 날, 아빠가 옆구리 통증을 호소하기 시작했다. 혼자 걷다

 가족 없는 시대

가 넘어졌다며 별일이 아니라고 했지만, 그 뒤로 걸음걸이가 느려지고 어눌해져서 함께 정형외과를 찾았다. 엑스레이 검사 결과 갈비뼈 골절이었다. 손의 경우 뼈에는 이상이 없었지만 신경계통에 문제가 있어 물리치료가 필요한 상황이었다. 치료가 끝나고 병원을 나와 함께 밥을 먹는데 아빠가 말했다. "이제 네가 내 아빠네." 농담처럼 던진 말이었지만, 나는 웃어넘길 수 없었다. 밥숟가락을 든 채 한동안 입을 떼지 못했다. 보호받던 자리가 어느새 돌보는 자리로 바뀌어 있었다.

아빠는 공장으로 돌아가기 전 인근의 자주 가는 한의원에 들르고 싶어 했다. 치료받는 아빠를 기다리는데 한의사가 내게 면담을 요청해왔다. 몇 달 전부터 이상해 보여서 큰 병원에 가보라고 했는데 말을 듣지 않았다면서, 본인이 보기에는 아빠가 우울증인 것 같다고 했다. 일이 잘 풀리지 않아 걱정이 무척 많았고, 후회한다는 말들을 자주 늘어놓았던 모양이었다. 예상치 못한 이야기에 마음이 덜컥 내려앉았다. 한의사는 내게 왜 아빠를 방치했냐고 물었다. 나는 우리의 상황을 대략적으로 전했지만 아빠가 이렇게 된 데 내 탓이 크다고 여기는 눈치였다.

한의원에서 나와 아빠를 공장에 데려다주고 집으로 돌아오는 길 내내 한의사의 질문이 귓가에 맴돌았다. '왜 방치했냐'는 말은 너무 쉬웠다. 아빠와 내가 어떤 관계였는지, 내가 내 존재를 얼마나 자주 거절당했고 얼마나 자주 관계에서 밀려났는지, 그 사람은 알지 못했다. 억울한 마음이 먼저 올라왔다가, 곧바로 다른 마음이 뒤따라왔다. 그래도 내가 조금만 더 살폈다면, 아빠의 신호를 더 일찍 알아챘다면 어땠을까. 타인이 어떤 하나의 장면으로 나를 판단하는 건 어쩔 수 없었다. 중요한 건 내가 나를 속이지 않는 일이었다. 내가 감당할 수 있는 만큼만 돌보되, 적어도 할 수 있는 몫은 놓치지 말자고 스스로를 다잡았다.

그러던 어느 날, 아빠와 연락이 두절됐다. 하루에도 스무 통 넘게 전화를 걸어오던 아빠였기에 무슨 일이 생긴 게 분명했다. 추석 명절을 하루 앞둔 날이었다. 불안해진 나는 곧바로 아빠가 있는 공장으로 향했다. 그곳에서 마주한 아빠는 온몸이 상처투성이였다. 얼굴과 팔, 다리는 긁힌 자국으로 가득했고, 눈은 벌겋게 충혈되어 있었다. 어디에 가서 뭘 한 건지 손끝은 흙으로 검게 물들어 있었다.

"아빠 이게 무슨 일이야?" 당황한 기색이 역력한 내게 아빠는 태연하게 말했다. "벌초하고 왔지." 순간 머릿속이 하얘졌다. 할머니, 할아버지 묘는 이미 없어진 지 오래였다. 파묘 후 화장을 했기 때문이다. 게다가 묘가 있던 곳은 경기도가 아닌 전라북도. 아빠는 벌초를 한 것이 아니라 정확히 어딘지 모를 근처 야산을 헤집고 돌아다닌 것이었다. 하지만 자신이 한 행동을 전혀 기억하지 못했다. 망상과 배회는 걷잡을 수 없이 심해지고 있었다. 이제 정말로 결단을 내려야 했다. 아빠의 안전

　　　가족 없는 시대

을 위해, 그리고 내 삶을 위해 요양원 입소를 알아보기로 했다.

돌고 돌아 다시 가족

단지 안전을 고려해서 그런 결정을 내린 것이 아니었다. 당장 나부터 하루의 절반을 아빠의 전화에 붙들린 채 살고 있었다. 어디에 있는지 묻고, 누군가를 의심하면 해명하거나 달래고, 같은 말을 처음 듣는 것처럼 굴어야 했다. 밤에는 아빠가 혹시 또 밖으로 나갔을까봐 불안해하며 잠을 설쳤고, 낮에는 내 생활에 집중하지 못한 채로 아빠의 시간을 따라 움직였다. 일주일에 몇 번씩 공장을 오가며 일과 돌봄을 병행하기란 사실상 불가능했다. 아빠가 무너질 때 내 일상도 덩달아 망가지고 있었다. 더는 '버티는 돌봄'으로는 감당할 수 없었다.

아빠를 검진했던 치매안심센터에 다시 연락했다. 종합병원에서 정밀검사를 받았지만 결과를 확인하려면 몇 주를 기다려야 한다는 답변을 받았다고 설명한 뒤 아빠를 요양원에 모실 계획이라고 전했다. 센터에서는 국민건강보험공단의 장기요양등급 심사부터 먼저 신청하는 것이 좋겠다고 조언했다. 요양등급이 있어야 요양원 입소가 원활했기 때문이다. 다행히 센터에서 직접 신청을 도와준 덕분에 심사 접수는 빠르게 진행되었다. 공단의 방문 심사만 기다리면 되는 상황이었다. 조금은 가벼워진 마음과 동시에 아빠의 상태가 어느 정도 평가받고, 등급이 나오기까지 기다려야 한다는 현실이 묵직하게 다가왔다.

심사 접수를 마치자마자 곧바로 다음을 준비해야 했다. 등급이 나오면 어디로 모실지, 내가 돌봄을 지속할 수 있는 물리적 거리 안에서 결정해야 했다. 내가 사는 지역과 가까운 곳부터 시작해 아빠가 사는 지역과 가까운 곳, 엄마가 사는 지역과 가까운 곳 세 군데를 중심으로 요양원에 전화를 돌렸다. 그러나 현실은 내 예상보다 훨씬 더 혹독했다. 칠순의 남성 노인을 위한 요양원은 거의 없었다. 요양원 입소자가 대부분이 여성 노인이었기 때문에 남성 노인을 위한 공간 자체가 매우 적었다. 신체적으로 힘이 좋아 돌봄이 쉽지 않은 치매 남성 노인들은 특히 기피 대상이었다.

대부분의 요양원은 여성 중심의 다인실로 운영되고 있었다. 남녀 혼숙이 불가능한 시설 특성상 남성 전용실이 있는 요양원을 찾아야 했는데, 그야말로 하늘의 별 따기였다. "남성 전용실이 없습니다", "대기자가 많아서 지금은 어렵습니다", "대기조차 받을 수 없습니다"…… 80여 곳의 요양원에 전화를 걸었지만 돌아오는 대답은 모두 같았다. 남성 노인을 위한 자리는 부족했고, 그마저도 이미 대기자가 가득 차 있었다.

여기저기 요양원을 수소문하던 어느 날, 아빠 공장에서 차로 30분 정도 거리에 있는 요양원에서 연락이 왔다. 남성 전

 가족 없는 시대

용실에 딱 한 자리가 남아 있다는 소식이었다. 망설일 틈 없이 곧바로 입소 상담을 진행하고 아빠의 요양원 입소를 위한 계획을 본격적으로 세우기 시작했다. 우선 요양원부터 방문해보기로 했다. 아빠가 지내기 좋은 환경인지 내 눈으로 시설을 둘러봐야 안심할 수 있을 것 같았다. 다행히 자연 경관이 좋았고, 전반적인 시설도 깨끗했다. 의료진이 상주하는 환경도 마음에 들었다.

사건은 장기요양등급 방문심사가 예정된 날 터졌다. 공단 직원이 오전 10시에 방문하기로 해서 이른 새벽부터 준비를 마치고 7시에 공장에 도착했다. 아빠와 함께 아침을 먹으면서 최대한 차분하게 대화를 나눌 계획이었다. 그러나 나를 맞은 건 예상치 못한 광경이었다. 공장 사무실 문이 활짝 열려 있었고, 안에는 아무도 없었다. 도둑이 든 듯 짐은 여기저기 나뒹굴고 있었고, 히터 소리만 요란했다. 아빠는 온데간데없었다.

나는 온 동네를 헤매며 아빠를 찾아다녔다. 공장 주변을 한 바퀴 돌고, 아빠가 자주 다니던 한의원 근처, 짐을 맡겼던 미용실, 함께 방문했던 동네 병원들까지 모조리 뒤졌지만 어디에도 없었다. 혹시나 하는 마음에 아빠와 함께 일했던 분에게 전화를 걸어보기도 했지만 아무도 아빠의 행방을 알지 못했다.

엄마에게도 황급히 연락했다. 엄마는 새벽에 아빠에게서 전화 한 통을 받았다면서, 자신을 데리러 올 수 있냐고, 못 오면 혼자라도 나가겠다는 것이 아빠의 마지막 말이었다고 했다. 놀란 마음을 진정시키려 공장으로 돌아왔을 때, 택시 한 대가 내 앞에 멈춰 섰다. 벌컥 차 문이 열리더니 아빠가 아무렇지도 않게 내렸다. 택시 기사에게 다가가 요금을 지불하며 아빠가 어디서 택시를 탔는지 물었다. 기사는 공장에서 차로 30분 거리에 있는 한 지하철 역에서 아빠를 태웠다고 했다.

어디에 다녀왔는지 물었지만 아빠는 기억하지 못했다. 동요하지 않으려 안감힘을 쏟으며 꾸역꾸역 아침밥을 삼켰다. 그러나 대화는 쉬이 이어지지 않았다. 아빠는 자신이 어디에 다녀왔는지 전혀 기억하지 못했고, 손과 팔이 더 굳었는지 젓가락질조차 제대로 하지 못했다. 그제야 나는 아빠의 상태가 이전과는 차원이 다르게 악화하고 있음을 실감했다.

공단 직원이 도착했다. 그녀는 난장판이 된 아빠의 사무실을 둘러보고 아빠와 면담을 진행했다. 면담이 끝난 뒤에는 나와 단둘이 이야기를 나눴다. 이 상태로 혼자 계시면 위험할 것 같다고, 심사 결과는 2주 안에 나올 예정이지만 등급 심사와 관계없이 요양원 입소를 먼저 진행하는 것이 좋겠다고 말했다. 공단 직원이 떠난 후, 나는 아빠와 함께 종합병원으로 향했다. 치매라기에는 너무도 급격히 악화하고 있는 상황이라 검진 결과를 확인해야 했다.

한 달 만에 다시 만난 담당 의사는 MRI 결과 아빠의 뇌가 동년배 남성들에 비해 많이 위축된 상태라고 했다. 게다가 알

 가족 없는 시대

츠하이머 인자가 발견되었고, 혈당 수치도 정상보다 두 배 이상 높았다. 의사는 수술이 아닌 약물 복용을 권했고, 당장은 신경질환에 대한 치료보다 혈당 수치를 낮추는 게 더 시급하다고 강조했다. 바로 옆에 있는 내분비내과에서 즉시 상담을 잡았다. 내분비내과 담당 의사는 지금 당장 입원이 필요한 상태라고 했다. "환자분, 이렇게 높은 혈당 수치로 생활하다가는 지금 병원에서 나가는 도중에도 쓰러지실 수 있어요." 입원을 완강히 거부하는 아빠를 나와 의료진이 겨우 설득해 일주일 정도만 입원하는 것으로 겨우 합의했다.

예상치 못한 입원으로 정신이 없는 찰나에 병원 측이 알려준 간병인협회로 전화를 걸어 간병인을 구했다. 간병비는 하루 13만 원. 아빠의 휴대전화를 뒤져 보험 관련 문자가 없는지 확인했다. 다행히 아빠의 보험설계사와 연락이 닿았고, 아빠에게 간병인 보험이 있다는 것을 알게 됐다. 보험사에서 직접 간병인을 보내주기로 했다. 그렇게 이틀은 병원과 연결된 간병인협회에서 온 간병인이 간병을 맡고, 나머지 닷새는 보험사에서 보내준 간병인의 도움을 받기로 했다.

그사이 나는 아빠가 병원에서 쓸 만한 물건들을 구입했다. 치약, 칫솔, 수건, 샴푸, 린스, 로션, 슬리퍼, 물컵, 면도기, 물티슈 등. 구입한 물건을 간병인에게 전달하고 아빠의 물건을 정리했다. 퇴원 이후에는 바로 요양원으로 모실 예정이었다. 아빠에게 삶을 스스로 결정할 수 없는 순간이 왔음을 직감한 순간이었다. 한때 아빠는 나의 삶을 결정하는 사람이었는데, 이제는 내가 그의 삶을 결정해야 한다는 것이 씁쓸하게 느껴졌다. 어쩌면 그것이 당연한 과정일지도 모르지만, 막상 이런 식으로 그 순간을 마주하니 안타까움이 밀려왔다.

다행히 아빠는 혈당이 정상 수치로 회복되어 무사히 퇴원했다. 나는 아빠에게 재활이 필요해 보이니 재활병원으로 가는 게 좋겠다고 이야기하고 실제로는 요양원으로 차를 몰았다. 아빠가 돌발적으로 폭력성을 보일 가능성이 있었기에 요양원 측에 조심해야 한다고 미리 알렸지만, 요양원 내부에서 소통이 원활하지 않았던 것인지 도착하자마자 문제가 발생했다.

우리를 맞이한 요양보호사는 "오늘 입소하시는 분이죠?" 하며 인사를 건넸다. 순간 무언가 잘못됐다는 걸 직감했다. 아빠의 상태에 대해 상담부터 진행하고 원장과 치료 방향을 상의한 뒤에 '입원'을 권유하는 것처럼 아빠를 천천히 설득해보는 게 좋겠다고 했던 내 말이 잘 전달되지 않은 듯했다. 나는 함께 요양원을 한 바퀴 돌며 아빠가 공간에 익숙해지도록 하고, 경계심이 조금이라도 풀린 틈에 차근차근 이야기를 꺼내려 했다. 낯선 곳에 갑자기 '입소'라는 말이 떨어지면 곧바로 몸이 굳어지면서 돌변할 사람이라는 걸 잘 알고 있었기 때문이다. 계획이 크게 어그러져서 무척 조마조마했다.

아빠가 입소 안내를 받으러 간 사이, 나는 사회복지사와 면담을 하며 행정 서류를 작성했다. 그러나 얼마 지나지 않아

 가족 없는 시대

면담이 중단되었다. 사회복지사가 아빠가 이상 행동을 보이고 있어 함께 가보는 게 좋겠다는 이야기를 전했다. 아빠는 나를 확인하자마자 갑자기 소리를 지르며 분노를 터뜨렸다. "네가 나를 여기 가둬놓고 편하게 살려는 거지!" 아빠의 반응을 지켜보던 요양원의 의료진과 사회복지사는 본인들이 보살펴보겠다며 위험할 수 있으니 우선 나는 집으로 돌아가는 게 좋겠다고 권유했다. 마음이 편치 않았지만 자리를 뜰 수밖에 없었다.

요양원을 나선 지 한 시간 만에 전화가 걸려왔다. "죄송하지만 도저히 어렵겠습니다." 단 한 시간 만에 퇴소 조치가 내려진 것이었다. 전화를 받은 곳은 집으로 향하는 고속도로 위. 미처 집에 도착하지 못한 상태였다. 그렇다고 곧장 돌아갈 수도 없었다. 요양원에서 이야기하길, 아빠가 시설 내 물건과 기기를 여럿 파손하고, 사회복지사에게 폭력을 휘둘렀다고 했다. 요양원에서는 아빠가 요양원에 있을 상태가 아니라며 정신병원 입원을 권유했다. 해가 저문 저녁이었다.

다시 아빠에게 가는 동안 정신병원을 수소문했다. 정신병원에 바로 입원할 수 있으려면 보호입원 절차를 밟아야 했다. 본인의 동의 혹은 법적 보호자 두 명 이상의 동의가 있어야만 했다. 그러나 대부분의 정신병원에서 보호입원은 불가능하다는 답변이 돌아왔다. 야간이라 증빙서류를 확인할 행정 절차를 진행할 수 없다는 게 그 이유였다. 경찰, 119, 정신병원, 사설 응급이송 업체 등의 연락으로 휴대전화가 쉴 새 없이 울렸다. 돌아온 질문들은 모두 같았다. "결혼하셨나요?" 정신병원 보호입원에 두 명의 보호자가 필요하다는 이유였다. 나는 되물었다. "아빠를 돌보기 위해 제가 결혼을 해야 하는 건가요?" 한국의 가족제도가 내 숨통을 틀어막고 있었다.

요양원에서는 내가 오기 전에 아빠가 무슨 일을 저지를지 모른다며 응급입원을 신청하겠다고 했다. 응급입원은 자해 또는 타해의 위험이 있다고 판단되는 경우 경찰의 판단에 따라 72시간 동안 입원할 수 있는 제도다. 그러나 의료 대란으로 인해 응급실조차 부족한 상황에서 아빠의 응급입원 요청을 받아줄 응급실은 없었다. 요양원에서 걸려온 전화 너머로 경찰과 사회복지사의 대화가 들려왔다. 경찰은 자포자기한 듯한 어조로 말했다. "이런 경우 보호자에게 다시 인계해야 합니다." 사회복지사가 경찰에게 말했다. "현재 아버님이 따님을 만나면 따님의 신변이 위험할 수도 있습니다." 그러나 경찰의 반응은 단호했다. "그렇다고 해도 아버지고, 아버지 돌봄은 따님이 하셔야 하지 않겠습니까?" 아빠에게 가족이자 법적 보호자가 나 하나뿐이라는 사실을 다시 각인시키는 잔인한 말이었다. 내 안전은 뒷전으로 밀렸고, 그놈의 돌봄이 먼저였다. 막막함과 분노, 무력감이 한꺼번에 올라와 목이 턱 막혔다. 경찰에게 아빠를 다시 공장 옆 사무실로 데려달라고 부탁하는 것이 그 상황에서 할 수 있는 최선이었다.

결국 아빠는 경찰의 동행으로 다시 공장으로 돌아왔다.

    가족 없는 시대

경찰은 난장판인 사무실 풍경에 놀란 기색을 표했고, 사람이 없는 사이 도둑이 든 게 아니냐며 구석구석 살폈다. 터져나오는 울음을 주체할 수 없었다. "아빠 망상이 심해 스스로 이렇게 만든 겁니다. 요양원에도 못 계시면 도대체 어떻게 하라는 겁니까." 분노와 무력감 속에서 아빠에게 소리쳤다. "다시는 나한테 연락하지 마. 아빠랑 연결된 사람들도 다 나한테 연락 못하게 해!"

집으로 돌아오는 길, 나는 다시 경찰에게 부탁했다. "아침에 저희 아빠 사무실에 계신지 한번 확인해주세요." 엄마에게도 전화를 걸었다. "아빠 괜찮은지 전화 좀 해줘. 달래드려." 그래도 마음이 편치 않아 다음 날 주민센터에까지 연락해 직접 확인을 요청했다. 처음에는 난색을 표했지만, 내가 여러 번 사정하자 마지못해 직원 한 명이 공장으로 향한 듯했다. 곧 전화가 왔다. "따님, 아버님 멀쩡하시던데요? 치매라고 보기 어려울 정도로 말씀도 잘하세요." 허탈감이 몰려왔다. 아빠는 늘 낯선 이들 앞에서는 잠시 정신을 차리곤 했다. 가장 가까운 사람만 알 수 있는, 가장 잔인한 기억의 장난이었다.

마지막 외출

폭력과 배회가 심한 아빠가 입소할 수 있는 요양원은 없었다. 남은 선택지는 정신병원뿐이었지만, 그마저도 입원까지는 또다시 시간이 필요했다. 아빠는 자신을 요양원에 보낸 나에게 마음을 단단히 걸어잠궜다. 엄마는 중간에서 아빠와 나와의 관계를 풀어보려 애썼고, 나도 나대로 노력했다. 아빠를 다시 찾아가 함께 밥을 먹고, 아빠가 원하던 은행 업무를 볼 수 있도록 도왔다. 그리고 상황을 지켜보다 조심스레 이야기를 꺼냈다. "아빠, 본인이 이상하다는 거 사실 아빠가 제일 잘 알잖아. 우리 병원에 가서 검진이라도 받아보자."

주민센터에서 알려준 병원으로 아빠를 모시고 갔다. 주치의와 상담하는 자리에서 아빠는 의외로 진심을 솔직하게 드러냈다. 요즘 스스로 이상하다고 느낀다, 사람들이 자신더러 이상하다고 말하지만 본인은 그렇게까지 생각하지 않는다, 사업이 뜻대로 되지 않아 스트레스를 받아서 그런 것 같다는 이야기였다. 의사가 입원을 권했지만 아빠는 단호히 거부했다. 차도가 있으면 2주 후 퇴원하자는 조건을 제시했으나, 당장은 동의하지 않았다. 결국 보호입원 절차를 밟을 수밖에 없었다.

법적 보호자 두 명의 동의가 있어야 가능한 보호입원을 진행할 수 있는 방법이 딱 하나 있기는 했다. 외동딸인 내가 단독 보호자임을 증명하면 됐다. 그러나 단순히 '보호자가 나 하나뿐이다'라고 말하는 것으로는 충분치 않았고, 직계 가족이 모두 사망했음을 행정 서류로 증명해야 했다. 출생 연도로 보아서는 할아버지, 증조할아버지가 이미 돌아가셨을 가능성이

     가족 없는 시대

높았지만, 그들 이름 옆에 '사망'이 붙은 행정 문서로 증명해내야 했다.

서류를 떼기 위해 아빠와 병원 근처 주민센터에 동행했다. 그런데 문제가 생겼다. 아빠를 기준으로 발급받은 가족관계증명서에는 할아버지의 사망 기록이 없었다. 즉 할아버지가 생존해 있을 가능성이 있다고 간주될 수 있어서, 이를 확인하려면 할아버지의 제적등본을 추가로 발급받아야 했다. 그러나 또 다른 문제가 생겼다. 제적등본을 떼어 살펴보니, 내가 찾던 '할아버지의 호적'이 따로 있는 게 아니었다. 할아버지는 호주로 독립된 적이 없었고, 형인 큰할아버지의 호적에 가족 구성원으로 올라가 있었다. 그 때문에 할아버지 쪽 기록을 확인하기 위해서는 할아버지의 제적등본이 아니라 큰할아버지 제적등본부터 먼저 찾아야 했다. 담당 공무원은 "행정구역이 변경돼 서류가 지금 어디서 관리되는지 알 수 없습니다. 전라북도청에 직접 가셔야 합니다"라고 말했다. 눈앞이 캄캄했다.

나는 추정되는 행정동 몇 곳을 알려주며 확인해달라고 요청했지만, 공무원은 "그런 대조는 불가능하다"고 쐐기를 박았다. 제도와 행정은 절박한 상황에 처한 개인에게 또 다른 벽이었다. 결국 병원과 협의해 우선 아빠의 제적등본만으로 입원을 진행하고, 추가 서류는 나중에 다시 제출하기로 했다. 며칠 뒤 찾아간 마포구청에서는 단 5분 만에 큰할아버지와 증조할아버지의 제적등본을 발급해주었다. 큰할아버지 제적등본만으로는 기록이 끊긴 탓에 증조할아버지 제적등본까지 거슬러 올라가야 했고, 그 안에서야 비로소 또 다른 가족 정보가 드러났다. 같은 행정이었지만 어떤 곳에서는 불가능했고, 어떤 곳에서는 가능했다. 도대체 이 차이는 무엇일까. 절박한 현실을 전혀 반영하지 못하는 안일한 행정에 분노가 치밀었다.

그리고 그 과정에서 또 다른 황당한 사실을 접했다. 아빠의 부계 쪽은 모든 서류를 제출해야 했지만, 외가 쪽은 상황이 완전히 달랐다. "외조부와 외조모를 본 적이 없습니다." 이 단 한 줄의 진술만으로 모든 절차가 종료됐다. 한쪽은 끝없는 절차와 증명을 요구받았지만, 다른 쪽은 그 한 줄로도 충분했다. 가족이 없는 사람에게 국가는 과도하게 많은, 그리고 너무나 이상한 증명을 요구하고 있었다.

그런 우여곡절 끝에 아빠는 겨우 정신병원에 입원할 수 있었다. 조금이나마 안심이 되었다. 나는 수시로 간호사에게 전화를 걸어 아빠의 상태를 확인했다. 그때마다 간호사는 아빠가 밥도 잘 먹고, 사람들과도 잘 어울린다고 했다. "그렇지만 힘든 환자"라는 말도 조심스레 곁들이곤 했지만, 나는 늘 "정말 감사하다, 잘 부탁드린다"는 말만 반복했다. 그게 밖에 있는 내가 할 수 있는 최선이었다.

그러던 어느 날, 공장 임대 문제로 아빠의 전출이 필요하다는 연락이 왔다. 전출을 위해서는 주민등록증이 필요했다.

아빠의 주민등록증을 아무리 찾아도 보이지 않았다. 순간 가슴이 덜컥 내려앉았다. 새로 발급받으려면 또다시 아빠를 데리고 주민센터에 가야 했다. 주치의는 아빠가 감정기복이 심해 외출을 허락하기 어렵다고 했다. 고민 끝에 나는 아빠의 병원 입원을 도와주었던 병원 관계자에게 사정을 이야기했다. 그는 한참을 고심하더니 한숨을 내쉬며 본인이 한번 도와보겠다고 했다. 그가 주민센터에 동행해준 덕분에 간신히 아빠의 주민등록증을 발급받을 수 있었고, 지인의 집으로 전입 신고를 마쳤다. 무엇 하나 쉬운 게 없었다.

며칠 뒤 아빠가 먹고 싶어 하는 치킨과 피자를 한가득 들고 면회를 갔다. 공장에 홀로 있을 때보다 한결 건강해 보였다. 제대로 된 규칙적인 식사가 한몫한 듯했다. 아빠가 병원에서 잘 적응하고 있다고 여겼으나 틀린 판단이었다. 생일에 외박을 나가고 싶다며 희망사항을 드러냈다. 생일이 이번 주인지, 다음 주인지 헷갈려 하는 와중에도 병원 밖에 나가고 싶다며 간절하게 요구했다.

그러나 아빠가 갈 곳은 없었다. 공장은 이미 처분되었고, 아빠가 머물 수 있는 공간은 어디에도 없었다. 나는 최대한 조심스럽게 말했다. 지금 당장 일을 빼고 가기가 어려우니 생일이 지나고 그다음 주에 꼭 찾아가겠다고 말했다. 아빠의 생일은 음력 11월 1일로 12월 1일이었다. 그로부터 이틀 뒤인 12월 3일, 대한민국에 갑작스레 계엄이 선포됐다. 나는 끝내 아빠에게 가겠다는 약속을 지키지 못했다. 예정되어 있던 모든 일정이 무너졌고, 그 상황은 아빠를 더욱 폭력적으로 만들었다.

며칠 뒤 병원에서 전화가 걸려왔다. 아빠의 폭력성이 너무 심해져서 더 이상 병원에서 감당하기 어렵다며 전원을 고려해달라고 했다. 나는 필사적으로 부탁했다. 제발 조금만 더 돌봐달라고. 병원은 어느 정도는 유예해주겠다면서도 미리 다른 병원을 알아보는 게 좋겠다고 입장을 드러냈다. 그 지난한 과정을 처음부터 다시 시작해야 한다니, 모든 게 무너져 내리는 기분이었다. 그렇게 또다시 병원을 알아본 끝에 아빠가 들어갈 수 있는 병원을 간신히 찾아냈다.

새 병원을 찾았지만, 전원 절차와 병상 사정 때문에 몇 가지를 더 확인하고 진행해야 했다. 그사이 병원에서는 제발 아빠를 데려가달라고 매일같이 연락이 왔다. 나는 대통령 탄핵 표결이 끝나는 대로 가겠다고 말했다. 그러나 1차 표결에서 의결정족수 미달로 투표가 무산되었다. 하는 수 없었다. 다시 병원에 연락해 다음 주까지만 더 기다려달라고 부탁했다. 12월 14일, 마침내 2차 표결에서 탄핵안이 가결되자 그 즉시 병원에서 전화가 걸려왔다. "이제 좀 편해지셨죠? 그러니까 이제 아버지 모시고 가세요."

이틀 뒤인 월요일, 나는 병원으로 향했다. 병원에서 마주한 의료진들은 표정에 지친 기색이 역력했다. 아빠에게 폭행을 당한 간호사들과 보호사들의 고충을 듣고, 아빠의 폭력 때문에 어쩔 수 없이 병실을 옮겼다는 환자도 만났다. 정작 아빠는 자신은 그런 적 없다며 모든 것을 부정했다. 병원에서 만나는 모든 사람들이 나를 향해 아빠 때문에 너무 힘들었다는 말을 쏟아냈다. 나는 그저 잠자코 있었다. 어떤 설명이나 변명도 무의미했다.

정신병원으로 전원을 할지, 요양병원에 입소할지 결정해야 했다. 목요일이면 병원 연장 심사 결과가 나온다고 했다. 심사가 통과되면 정신과로의 전원이 수월하지만 그전에 퇴원하면 처음부터 입원 절차를 다시 밟아야 했다. 나는 목요일에 아빠를 모시고 가기로 계획을 세운 뒤, 그사이 사설 응급차를 섭외했다. 정신병원과 요양병원 중 어디가 나을지 고민하다 아빠의 당뇨 합병증을 고려해 정신과 주치의와 내과가 함께 있는 요양병원으로 결정했다.

병원 측은 물론 응급차 기사님도 이동 중 통제가 어려울 수 있으니 안정제를 투여하는 것이 좋겠다고 권했다. 아빠는 잠이 든 채로 응급차에 실렸다. 병원에서 나가 바깥 공기를 마시고 싶어 했던 간절한 바람은 결국 이루어지지 않았다. 병원에서 병원으로의 이동, 그게 아빠의 마지막 외출이었다.

요양병원에 들어간 뒤로는 아빠 나름대로 병원에 적응해야 할 시간이 필요하다고 생각해 일부러 면회를 가지 않았다. 아니, 사실 깨어난 아빠를 마주할 용기가 없었다. 그렇게 2주가 흘렀고, 아빠를 만나기 위해 오랜만에 병원을 찾았다. 어딘가 죄스러운 마음으로 기다리고 있는데, 아빠가 휠체어를 타고 엘리베이터에서 내려왔다. 내가 기억하던 모습은 온데간데없었다. 맞잡은 손에서는 싸늘함이 느껴졌고, 내 목소리에도 아무런 반응이 없었다.

면회실에 단둘이 남아 대화를 시도했지만, 아빠는 줄곧 눈을 감은 채 미동도 하지 않았다. 이따금 내 말에 반응할 때만 잠시 눈을 뜰 뿐이었다. 그 모습이 힘겨워 보여서 간호사에게 아빠를 다시 모셔가달라고 했다. 간호사는 아빠에게 욕창이 생겼다며 에어매트를 구입해야 한다고 했다. 그 말을 듣는 순간 알 수 있었다. 이전 병원에서 이송되던 그때 이후로 아빠가 제대로 깨어나지 못한 채 계속 누워서만 지내고 있다는 것을. 내 생각을 읽기라도 했는지, 간호사가 그전에 강한 약을 썼던 것 같다며, 지금은 상태에 맞게 약을 잘 조절하고 있고 식사도 잘하고 계신다고 덧붙였다. 아빠에게 필요한 물건을 안내받고 다시 한번 물건들을 구입했다.

병원을 나서는데 어쩐지 아빠가 봄이 되기 전에 세상을 떠날 것 같다는 생각이 머릿속을 떠나지 않았다. 내 탓일까? 내가 옆에 붙어서 직접 돌봤다면 달라졌을까? 끝없는 자책이 밀려왔다. 그러나 돌이킬 수 없었다.

가족 없는 시대

4.

장례와 상속, 혼자 떠안은 몫

빈소 없는 장례

아빠가 봄이 오기 전에 떠날지도 모른다는 불안감이 들자, 언제 어떻게 닥칠지 모르는 이별을 준비해야 한다는 압박에 사로잡혔다. 가족을 먼저 떠나보낸 친구들에게 무작정 전화를 걸어 어떻게 했었냐고, 뭘 준비해야 하냐고 물었다. 그 경험을 듣는 일이 큰 위로가 되었지만, 한편으로는 여전히 막막했다. 그 누구도 이별의 순간을 미리 준비할 수는 없다는 사실이 너무도 선명하게 다가왔다. 게다가 아빠에게는 가입된 상조도 사망보험도 없었다. 결국 선택은 나의 몫이었다. 삼일장, 일일장(하루 장례), 가족장 등 다양한 장례 방식 중에서 무엇을 택할지 고민할 시간이 필요했다.

아빠를 만나고 온 지 일주일도 지나지 않아 병원에서 전화가 걸려왔다. "아버님이 위독하십니다. 지금 바로 오셔야 합니다.” 내 예상보다 한참이나 빨랐다. 나는 망설일 틈도 없이 병원으로 향했다. 어떻게 운전을 했는지도 모르게 정신없이 도착해 곧장 아빠가 누워 있는 병실로 향했다. 뜨거운 몸에 비해 손발은 너무 차가웠다. 산소호흡기에 의지한 거친 숨소리. 눈물이 앞을 가려서 아빠를 제대로 마주할 수 없었다.

그러나 감정은 감정이고, 현실은 현실이었다. 슬픔에 잠겨 선택을 미룰 여유 같은 건 없었다. 기존의 상조회사가 아닌 작은 장례를 지원하는 조합을 선택했다. “의식은 간소하게, 추모는 깊이 있게”라는 장례조합의 설명을 읽으며 스스로를 설득했다. “장례의 본질은 추모입니다. 채비장례는 접객 중심이 아닌 추모 중심의 장례를 제안합니다.” 그 말에 위안을 받고 조합에 전화를 걸었다. “아빠가 오늘 내일 중으로 돌아가실 것 같은데, 제가 어떻게 하면 되죠?” 그렇게 장례 준비를 시작했다.

처음 입원 수속을 밟을 때 나는 연명치료에 대해 망설였다. 아빠의 연명치료 여부를 내가 결정한다는 것 자체가 너무도 무겁게 다가왔다. 아빠가 위독한 순간에 연명치료 이야기를 꺼내자 간호사는 이 병원에서 할 수 있는 모든 치료를 했고, 다른 병원으로 이동하더라도 회복될 가능성이 없다고 말했다. 두 달도 채 지나지 않았는데 어떻게 이 정도로 상태가 나빠질 수 있는지 믿기지 않았다. 병실에 보호자용 침대조차 없어 아빠와 함께 있지 못하고 집으로 돌아와야 했다. 병원에서 언제 연락이 올지 몰라 뜬눈으로 밤을 보냈다.

　　　　　가족 없는 시대

시간이 가는 줄도 모르고 멍하니 앉아 있었다. 밤 12시 40분. 그때 전화벨이 울렸다. 병원에서 온 전화라는 것을 직감할 수 있었다. "보호자님, 아버님이 돌아가셨습니다." 그렇게 아빠는 정신병원에서 요양병원으로 옮긴 지 한 달 반 만에 세상을 떠났다. 나는 무의식적으로 장례조합에 전화를 걸었다. "아빠가 돌아가셨어요." 수화기 너머에서 작은 탄식이 들렸다. 그들은 차분한 목소리로 나를 위로한 뒤 장례지도사를 연결해주겠다고 했다.

잠시 후 장례지도사에게 전화가 왔다. 그녀는 한부모가정의 양육자였다. 내게 미안해하며 이렇게 말했다. "아이 돌봄을 해주실 분이 오시기로 해서 바로 출발하기 어려울 것 같아요. 시간이 좀 걸릴 것 같아요." 그 말에 오히려 마음이 편해졌다. "괜찮아요. 저 혼자 장례식장에 가서 정리하고 있을 수 있어요." 장례를 치러야 하는 나를 돌보러 오기 위해 장례지도사는 다른 누군가에게 자기 아이를 맡겨야 하는 상황이라니. 돌봄의 공백은 언제나 가장 약한 사람들에게 가장 먼저 다가왔다. 약한 사람들은 서로를 돌보며 버텨야 했다.

병원에 도착해 아빠의 병실로 들어갔다. 아빠의 몸은 차디 찼다. 의료진이 내가 도착할 때까지 산소호흡기를 떼지 않은 탓에 한순간 아직 숨을 쉬고 있는 게 아닌가 하는 착각이 들기도 했다. 기계에서 들려오던 작은 소리가 아빠의 숨소리처럼 느껴졌던 것이다. 일자를 그리고 있는 심장박동기 탓에 이

내 기계음의 존재를 알아차릴 수 있었다. 아빠의 심장은 멈춘 지 오래였다.

내 손으로 직접 아빠의 산소호흡기를 벗겼다. 그리고 간병인과 함께 환자복을 벗기고 몸을 닦았다. 그제야 요양병원에서의 흔적들이 눈에 들어왔다. 눌린 피부, 마른 팔다리, 오랫동안 같은 자세로 누워 있던 흔적들. 속이 쓰렸지만 요양병원의 탓만은 아니었다. 6인실 병실에 단 한 명뿐인 간병인. 누군가는 돌봄을 받고, 누군가는 돌봄을 받지 못하는 상황이 그려졌다. 돌봄의 빈틈은 끝내 몸의 흔적으로 남았다.

정신을 차리고 장례지도사가 불러준 사설 응급차량 기사와 연락했다. 아빠를 평상복으로 갈아입힌 뒤 이송 장비에 옮겨 응급차량에 태울 준비를 했다. 그 과정을 환하게 불이 켜진 병실에서 다른 환자들이 모두 지켜보고 있었다. 미안한 마음이 들었다. 그들에게 죽음은 늘 너무 가까이 있었다.

아빠는 외동아들, 나는 외동딸. 아빠에게도 나에게도 가족은 우리가 다였다. 혼자서 사흘 동안 빈소를 지키는 것은 불가능했다. 게다가 설 연휴 직전이어서 주변 사람들에게 도움을 요청하기도 어려웠다. 결국 무빈소 장례를 선택했다. 아빠가 살았던 곳, 공장과 멀리 떨어져 있지 않은 곳에서 아빠를 보내주고 싶었다.

내가 병원에서 정리를 하는 동안 장례지도사는 내가 알아봤던 장례문화소에 연락을 취해주었다. 빈소를 차리지 않는

가족 없는 시대

장례를 흔쾌히 받아들이지 않았지만, 장례지도사의 간절한 호소에 결국 하나 남은 안치실을 배정받을 수 있었다. 나는 아빠를 태운 응급차량을 따라 장례문화소로 향했다. 가는 길에 왈칵 눈물이 쏟아졌다. 처음으로 장거리 통학을 해야 했을 때, 버스 타는 법을 알려주던 모습이 떠올랐다. 내가 탄 버스를 따라오던 아빠의 차가 눈에 선했다. 이제는 내가 아빠의 뒤를 쫓고 있었다.

그 시절에는 잘 몰랐지만, 아빠는 나를 돌보기 위해 나름대로 노력하고 있었다. 내가 길을 잃지 않도록, 잘 도착할 수 있도록 보이지 않는 곳에서 지켜봤다. 이제는 내가 지켜보는 사람이 되었다는 것이 서글프게 느껴졌다. 운전 도중 몇 번이나 길을 잘못 들었다. 무언가에 홀린 듯 엉뚱한 길로 들어섰다. 머릿속이 복잡했다. 아직 아빠를 떠나보낼 준비가 되지 않은 걸까. 그럼에도 그 모든 절차와 시간을 감당해내야 한다는 사실은 변하지 않았다. 응급차량 기사님께 비용을 보내고, 'e하늘 장사정보시스템'에 접속해 장례식장과 그 바로 옆에 있는 화장시설을 예약했다. 아빠가 전입한 곳이 장례문화소가 있는 지역이라 곧바로 예약이 가능했다.

어렵게 장례문화소에 도착했다. 아빠는 나보다 먼저 도착해 있었다. 직원분은 나에게 아빠 얼굴을 확인시켜주었다. 그 뒤로 아빠를 안치실로 모시는 순간까지 모든 과정을 홀로 마주했다. 누군가는 가족들과 함께했을 이 순간을 나는 오직 아빠와 단둘이 보냈다.

　슬퍼할 겨를도 없이 장례 상담을 진행하기 위해 곧바로 운영사무실로 이동했다. 병원에서 받은 사망진단서 한 장을 꺼내 직원에게 전했다. 빈소 없이 안치실 임대차계약서를 작성하고, 장례용품에 대한 설명을 들었다. 직원은 사진관 연락처를 알려주며 영정사진으로 쓸 아빠 사진을 보내달라고 했다. 주민등록증을 다시 발급받기 위해 아빠와 사진관에 갔을 때, 그 사진이 혹여 영정사진이 되는 건 아닐까 하는 생각이 잠시 머릿속을 스쳤는데 그 직감이 어느새 현실이 되어 있었다. 장례지도사가 도착한 뒤에야 본격적인 절차가 시작됐다. 수의와 관, 유골함 같은 것들을 고르고, 안치실 임대차계약서와 장례 관련 안내서·계약서에 차례로 서명했다. 단 네 번의 서명으로 빈소의 형태부터 장례용품, 운구와 화장 절차까지 일거에 정리됐다. 모든 것이 참 쉬웠다.

　날이 밝아지고 집에 도착해 떨리는 손으로 부고 문자를 작성했다. 어떤 내용을 담아야 할지, 누구에게까지 소식을 알려야 할지 감이 오지 않았다. 아빠와 함께 살았던 사람들에게는 보내지 않기로 결심했다. 아빠와의 관계를 정리한 사람들에게 굳이 마지막을 알리고 싶지는 않았다. 그것이 내가 아빠의 삶에 내린 마지막 결정이었다.

　주변의 몇몇 지인들에게 부고를 띄운 뒤, 사망진단서를 발급하고 아빠가 사용했던 물건을 정리하기 위해 요양병원으

　　　가족 없는 시대

로 향했다. 짐은 이미 쇼핑백에 가지런히 담겨 있었다. 욕창이 생기지 않도록 해주는 에어매트, 새로 산 면도기…… 한 번도 쓰이지 못한 물건들을 보고 있으니 다시 또 눈물이 났다. 가족이 있었다면 나눠서 할 수 있는 일을 나는 이리저리 돌아다니며 혼자서 해내야 했다. 지독히도 익숙한 혼자의 삶이었다.

무빈소 장례임을 미리 알렸지만, 정작 그 말이 무엇을 뜻하는지 아는 사람은 많지 않았다. 사람들은 상주인 내가 빈소에 혼자 덩그러니 앉아 있을 장면을 먼저 떠올리는 듯했다. 그래서 걱정된 사람들은 내가 없는 장례문화소로 찾아오거나 "어디야?" 하고 연락을 해왔다. 나는 빈소를 따로 차리지 않았다고 다시 설명하면서, 가족이 없어 상주인 내가 모든 절차를 혼자 정리하고 있다고 말했다. 생각해줘서 고맙다는 말도 함께 전했다. '무빈소'라는 생소한 방식보다 사람들이 상주를 '가족들 사이에 있는 자리'로 믿고 있다는 사실이 더 선명하게 다가왔다. 나는 그 자리의 조건을 갖추지 못한 채 홀로 상주가 되어 있었다.

혼자서 모든 절차를 밟아야 하는 상황이라 잠시도 쉴 틈이 없었다. 이번에는 장지를 어떻게 해야 할지 결정해야 했다. 봉안, 해양장, 산골장, 수목장 중에서 무엇을 선택해야 할지 난감했다. 밖에 나가고 싶다던 마지막 말을 생각하면 봉안당보다 해양장이나 산골장, 수목장 같은 자연장이 나아 보였지만, 자연장이라고 해도 화장한 뒤 남은 골분은 지정된 장소에서만 뿌릴 수 있었다. 해양장은 다른 상주들과 시간을 맞춰 배를 타고 바다로 나가야 해서 곤란했고, 수목장과 산골장은 아빠 공장 인근에 마땅한 장소가 없었다. 결국 장례문화사업소의 유택동산을 택했다. 곁에 있던 사람들이 하나같이 다 떠나갔던 아빠의 마지막을 기리며 내린 결정이었다.

염습과 입관을 하는 날에는 엄마와 엄마 가족들이 와주었다. 엄마는 아빠가 당신 가족들에게 좋은 사람으로 기억되었기에 이렇게 함께 올 수 있었다며 위로를 전해주었다. 감사한 일이었다. 장례지도사가 아빠에게 멋지게 화장을 해드리고, 수의도 입혀드리는 모습을 지켜보았다. 마지막으로 보았던 모습과 달리 아빠는 너무나도 편안하게 누워 있었다. 모두 눈물바다가 되었다. 다른 사람들이 너무 많이 울어서였을까. 정작 나는 눈물이 나지 않았다.

화장 날이 되자 운구를 위해 구의회 사무국 사람들과 친구들이 와주었다. 왜 빈소를 차리지 않았는지 묻는 이들이 많았다. 삼일장을 선택했어야 했나 싶기도 했지만, 만일 그랬다면 가족, 직장 동료, 친구 등 한자리에 모인 여러 사람들을 혼자서 일일이 챙기고 신경 써야 했을 것이다. 사람들의 시선이 어떻든, 빈소를 차리지 않길 잘했다는 생각이 들었다. 그 모든 노동을 감당하며 삼일장을 치렀다면 아빠를 원망하는 마음으로 사흘을 흘려보냈을 텐데, 현명한 결정 덕택에 어느 정도 여유를 찾을 수 있었다.

　　　　　가족 없는 시대

화장 후에는 분골을 나무 유골함에 담았다. 아빠가 평생을 만지던 나무가 아빠의 마지막을 함께해주었으면 하는 마음에서였다. 분골은 유택동산에서 엄마와 함께 뿌렸다. 병원에서 잡은 아빠의 손은 너무나도 차가웠는데, 분골은 따뜻해서 마음이 울렁거렸다. 삼일장 대신 작은 추모식을 열어 아빠를 보내주기로 했다.

작은 추모식

추모식은 고비용 문제를 해결하며 새로운 장례문화를 선도하고 있는 한겨레두레협동조합과 함께 준비했다. 장소는 조합에서 운영하고 있는 공간 채비로 정하고, 일시와 프로그램, 식사와 다과 등을 논의했다. 조합에서 이전에 진행한 추모식의 사례를 안내해주어서 어렵지 않게 식순을 짤 수 있었다. 하지만 또 다른 문제가 있었으니, 사람들이 얼마나 올지 예측하기 어렵다는 것이었다. 처음에는 50명을 염두에 두었다가 결국 100명으로 확정했다. 적은 것보다는 많은 게 아빠가 덜 외로울 테니까.

채비에서 하는 추모식은 기존의 장례와 다르게 고인의 삶을 소개하고, 애도 편지를 낭독하고, 고인의 삶을 담은 추모 영상과 유품들을 전시해 그가 어떤 삶을 살아왔고 그 삶을 어떻게 마무리했는지 추모식에 온 사람들이 알 수 있도록 했다. 먼저 주민등록초본과 제적등본 서류, 그리고 엄마와의 대화를 통해 아빠의 생애를 정리했다. 마지막까지 자기 일에 열심이었던 아빠를 떠올리며 누군가의 남편이나 아빠로 소개하기보다는 가구 제작이라는 길을 평생 묵묵히 걸어온 사람으로 기록했다.

아빠의 생애를 정리하고, 아빠에게 보내는 감사장을 작성하는 과정에서는 나도 모르게 품고 있던 감사한 마음들을 발견했다. 꽤 의미 있는 시간이었다. 아빠의 삶을 돌아보는 짧은 영상도 만들었다. 아빠와 단둘이 찍은 사진이나 아빠가 내게 찍어 보내주곤 했던 여러 가구 사진을 찾고 고르면서 이해할 수 없었던 그만의 사랑법도 조금씩 헤아려갔다. 무사히 추모식을 마치면 어지러운 마음들도 정리할 수 있을 것 같았다.

하지만 추모식까지 혼자서 준비할 수는 없었다. 누구에게 도와달라고 하면 좋을까? 나는 나의 관계망을 돌아보며 고민했다. 결국 가장 편하다고 느끼는 친구들에게 연락하기로 했다. 나의 가정사를 훤히 알고 있는 친구들. 그럼에도 도와달라는 말을 입밖으로 내기까지 참 어려웠지만, 다들 흔쾌히 와주었다. 명절 차표 예약을 변경하거나 일정을 조정해서까지, 오로지 나를 위해.

추모식 몇 시간 전, 도와주러 온 친구들과 밥을 먹으며 내가 무엇을 준비했는지, 그들이 어떤 것들을 도와주면 되는지 차분히 안내했다. 친구들은 나보다 더 많은 것들을 알고 있었고, 내가 말하지 않아도 귀신같이 자기 역할을 찾아냈다. 그러면서 오늘 네가 할 일은 조문 오는 사람들과 인사를 나누는 것뿐이라며, 그 외에는 아무것도 하지 말라고 했다. 그 말이 무척 고마웠다. 모든 것을 홀로 선택하고, 결정하고, 감당해야 했던 나에게 어쩌면 가장 필요했던 말이었는지 모른다. 가족이 아니어도 함께할 수 있는 사람들이 있다는 것을, 때로는 가족보다 더 가까운 사람들이 있다는 것을 그때 깨달았다.

추모식이 시작되었다. 국회의원 조기가 늘어선 입구 앞, 참석자들이 하나둘씩 도착했다. 마련한 의자들에 사람들이 다 앉고도 서 있는 사람들이 있을 정도로 사람들이 모였다. 청년 활동을 함께한 사람, 지역 활동을 함께한 사람, 정치 활동을 함께한 사람, 성소수자 인권 활동을 함께한 사람, 대학 시절의 동기와 선후배 등 정말로 다양한 이들이 와주었다. 친구들이 이 정도면 작은 추모식이라고 하면 안 된다는 농담을 던질 정도였다. 생전에 허세가 많았던 아빠가 이 모습을 봤다면 흐뭇해했을 것이다.

추모식에 오신 분들에게 아빠 유품을 설명할 때는 나도 모르게 눈물이 쏟아졌다. 10년 전 협력업체에서 받은 상패, 병원에서 한 번도 쓰지 못했던 면도기, 매일같이 붙잡고 있던 휴대전화…… 지독히 미워하면서도 끝내 외면하지 못했던 그 돌봄의 시간들을 추모식에 와준 사람들과 천천히 나누었다. 망상과 배회가 심해지고 몸이 무너져도, 아빠는 공장과 가구 일을 쉬이 놓지 못했다. 매일 쥐고 있던 휴대전화는 삶의 마지막 끈 같았다. 나는 그런 아빠를, 그리고 그런 아빠 곁에 머물렀던 나 자신을 함께 추모했다.

미사는 가톨릭 앨라이 아르쿠스와 함께하는 신부님이 집전해주셨다. 내가 세례를 받고 나서 그 사실을 알렸을 때, 할머니 할아버지 모두 가톨릭 신자였다며 기특해하던 아빠의 모습이 떠올랐다. 아빠를 개인적으로 알지는 못하지만 조문보를 보고 그 삶을 조금은 짐작할 수 있었다는 신부님의 말씀에 참았던 울음을 터뜨릴 수밖에 없었다. 이어서 신부님은 "일꾼으로 살아갈 수 있는 시간에 감사합시다"라고 말씀하셨다. 아빠는 정말 일밖에 모르던 사람이었다. 마지막까지 일을 놓지 못했고, 정신병원에 입원해 있으면서도 늘 납품과 거래처 미팅을 걱정했다. 문득 "어제 오늘 특근 때문에 여기서 자야 합니다"라고 적어둔 아빠의 쪽지를 발견했던 순간도 떠올랐다. 많은 이들이 지지해준 덕분에 아빠의 죽음 앞에서 느끼는 여러 복잡한 감정들을 숨김 없이 표현할 수 있었다.

추모식이 끝나고 얼마 지나지 않아 설날을 맞았다. 나는 아빠의 영정사진을 들고 공장으로 향했다. 이미 비어 있는 공장과 사무실. 그 안에 남겨진 책상, 먼지가 소복이 쌓인 바닥, 오랫동안 사람이 드나들지 않은 흔적들. 그곳에서 조용히 마지막 인사를 나눴다. 아빠의 분골이 담겼던 종이를 들고 나와

　　　가족 없는 시대

쌓인 눈밭 위에서 조용히 불을 붙였다. 그제야 비로소 아빠를 진정으로 떠나보낼 수 있었다. 누군가를 잘 보내준다는 건 단지 물리적인 절차만을 의미하지 않는다. 함께 살아낸 시간을 품고, 그 사람을 내 안에서 새롭게 받아들이는 일이기도 하다. 추모는 그 애씀의 끝이자, 새로운 시작이었다.

떠나보낸 이들과의 대화

아빠를 돌보고 끝내는 장례를 치르는 과정에서 뜻밖의 사람들과 깊은 이야기를 나누게 되었다. 그들은 이미 누군가를 떠나보낸 경험이 있거나, 지금도 돌보고 있는 이들이었다. 내가 먼저 아빠의 치매 돌봄 이야기를 꺼내자, 몇몇은 자신도 치매가 있는 부모를 돌보고 있다고 조용히 털어놓았다. 처음에는 주저하는 듯했지만, 시간이 지나자 다들 조금씩 자기 이야기를 꺼냈다.

"왜 요즘 동네에서 잘 안 보이세요?"라는 가벼운 물음에, 나는 아빠가 급성 치매를 앓고 있어 돌보고 있다고, 그래서 어려운 시간을 보내고 있다고 답했다. 예상치 못한 대답이었는지, 순간 공기가 묵직해졌다. 그중 누군가는 "얼마나 어려운지 안다"는 말과 함께 자신의 부모 돌봄 경험을 꺼내놓았다. 지금은 요양원에 계시는데 마음이 참 복잡하다고 했다. 가족이 많더라도 돌봄을 계속하다 보면 어쩔 수 없이 서로 감정이 상하게 된다는 솔직한 고백도 있었다.

아빠를 돌보면서 종종 '차라리 남이면 더 쉬울 수도 있겠다'는 생각을 하곤 했다. 아빠이기에 돌봄은 더 어려웠다. 병들었다는 사실을 알고 있으면서도, 때로 아빠가 내뱉는 말들이 가시처럼 몸에 박히곤 했다. 어린 시절의 울적한 기억과 겹쳐지는 순간들도 비일비재했다. 그럴 때면 견디기 힘들었고, 어떤 날은 아빠가 하루라도 빨리 세상을 떠나길 바라기도 했다. 또 어떤 날은 오래도록 함께 살 수 있기를 바라기도 했다. 마음은 하루에도 몇 번씩 오락가락했고, 나조차 내가 낯설어지는 날들이었다. 그럴 때면 문득 '나는 누구인가'라는 물음이 나를 덮쳤다.

그런 내밀한 이야기는 남들 앞에 꺼내놓기 어렵다. 하지만 누군가 먼저 입을 열자, 다른 이들도 혼자서만 끙끙 앓던 속사정을 조심스레 꺼내 보였다. 내가 가진 복잡한 마음을 숨김없이 말하자, 다른 이들도 자신이 경험한 돌봄의 무게와 상실의 시간을 나누기 시작했다. 돌봄·요양 활동을 하고 있는 한 지인도 그랬다. 부모를 돌보는 것이 당연한 의무인 듯 다들 쉽게 이야기하지만 현실적으로 얼마나 어려운지 답답함을 호소했다. 가족이기에 돌봐야 한다는 전제가 너무도 강고한 사회지만, 정작 너무 가까운 관계여서 하기 어려운 일도 있다고 했다. 다들 지역사회와 정부 차원의 돌봄 지원이 절실하다는 데

       가족 없는 시대

백번 동의했다.

사회복지 현장에서 일하는 또 다른 지인 역시 가족 돌봄이 얼마나 어려운지 이야기했다. 부모를 돌보는 내내 '내가 더 잘하지 못했다'는 마음을 지울 수 없었고, 그 경험이 사회복지를 직업이자 삶의 과제로 삼게 만들었다고 털어놓았다. 나 역시 그랬다. 아빠 돌봄을 혼자서 완벽하게 해내지 못했다는 생각이 여전히 남아 있다. 하지만 그 마음은 나를 그 자리에 주저앉히는 대신 새로운 방향으로 나아가게 했다.

아빠가 도움을 필요로 하는 사람이 되자, 곁에 있던 사람들이 하나둘씩 떠나갔다. 병이 오자 더 이상 얻을 것이 없다고 판단했을지도 모른다. 그래서 아빠의 끝은 유난히 외로웠다. 아빠는 사람들에게 도움을 청하는 법을 몰랐다. 스스로를 과신했고, 끝까지 혼자 버티려 했다. 그러면서도 감당하기 어려운 순간이 오면 결국 누군가에게 결정을 넘기고 책임을 떠맡기려 했다. 그리고 마침내 자기 삶의 마지막을 스스로 책임질 수 없는 상태로 끝을 맞이하고야 말았다.

그 과정을 지켜보며 더 이상 아빠 같은 이들이 생겨나지 않았으면 했다. 병이 오자 관계가 끊기고, 도움을 청하는 법을 몰라 끝까지 혼자 버티다 결국 남에게 결정을 넘겨야 하는 사람. 그리고 나 같은 이도 없었으면 했다. 준비도 예고도 없이, 관계가 끊긴 자리에 홀로 남아 돌봄의 시작부터 끝까지 책임을 떠안는 사람. 돌봄이 개인의 성격이나 의지로 버텨나가야 하는 일이 되지 않도록, 누군가의 마지막이 누군가의 고립으로 이어지지 않도록 세상을 꼭 바꿔보고 싶어졌다.

그런 결심은 아빠의 마지막을 준비하는 순간에도 이어졌다. 돌봄이 끝을 향해 갈수록, 남은 시간 안에서 무엇을 할 수 있을지, 아빠를 어떻게 떠나보내야 할지 고민을 멈출 수 없었다. 병실에서의 일상이 얼마 남지 않았다는 사실이 분명해질수록, 아빠를 돌보는 내내 처절하게 느꼈던 무력감을 장례 과정에서는 반복하지 않겠다고 마음먹게 되었다. 누군가를 잘 돌보는 일과 잘 떠나보내는 일은 결국 같은 자리에서 시작된다는 것을 깨달았다.

그래서 장례를 준비하는 동안에도 무턱대고 의례적인 절차에 기대거나 나 혼자만의 경험에 갇히지 않을 수 있었다. 가까이에서 비슷한 시간을 겪었던 사람들의 이야기를 경청하며 내가 놓치고 있는 것이 없는지 확인하고 싶었다. 먼저 마음을 열고 도움을 청하자, 아빠를 떠나보낸 나를 찾아와 위로를 건넨 친구들이 자신의 장례 경험을 하나둘 꺼내놓기 시작했다.

무빈소 장례를 치르던 나를 위로하러 온 한 친구도 그랬다. 그는 청소년 시절 갑작스럽게 아빠를 떠나보냈지만 다른 가족들의 일방적인 결정으로 끝내 빈소를 차리지 못했다. 그때 자신이 아무런 선택도 할 수 없었다는 것이 지금까지도 억울하게 느껴진다고 했다. 그 후 코로나19 시기에는 단 하루의 쉼도 없이 엄마를 돌보며 대학에 다니고 직장생활을 이어갔

    가족 없는 시대

다. 그는 그 지난 시간을 이야기하며 영케어러에 대한 사회적 지원이 얼마나 절실한지 거듭 강조했다.

가까운 이의 장례를 치른 경험이 없던 나를 세심히 챙겨주고 다독여주던 친구들 덕분에 버틸 수 있었다. 막막한 상황에서 전화를 하면 다들 언제고 흔쾌히 받아주었다. 가족의 장례를 직접 치른 친구, 법적 가족은 아니었지만 파트너를 먼저 떠나보낸 뒤 그 가족과 함께 장례를 치른 친구, 가족과 함께 장례를 준비하지 못하고 따로 추모식을 열었던 친구. 그들은 '상주'라는 호칭조차 낯선 내게 경험에서 비롯된 구체적인 정보를 공유해주었다.

장례식장에서 고인의 관을 모시고 조문객을 맞는 빈소를 차린 이로서, 혹은 법적 가족은 아니지만 더 가족 같은 관계로 추모식을 연 이로서, 그들은 괴롭고 지난한 이 시간을 어떻게 견뎌낼 수 있는지, 그 과정에서 놓치지 말아야 하는 것은 무엇인지 차근차근 짚어주었다. 장례가 떠난 사람을 기리는 시간인 동시에 남겨진 사람이 새로운 삶을 열어갈 수 있도록 마음을 추스르고 정리하는 과정이라는 것도 알려주었다. 그 시간만큼은 다른 무엇보다 나 자신을 돌보는 데 쓰여야 한다는 뜻이었다. 그 말들은 당장의 가쁜 숨을 고르게 해주면서도, 동시에 왜 우리가 서로에게 기대 이 시간을 버텨야 하는지 되물어보게 했다. 개인의 품과 선의로 메우고 있는 영역이 무엇인지, 제도의 빈틈이 우리 삶과 어떻게 맞물리는지가 훨씬 더 선명해졌다. 제도는 여전히 가족을 중심으로 돌아갔고, 혈연이 아니면 접근조차 할 수 없는 절차가 너무 많았다. 남겨진 이들은 그 빈틈을 제도 밖에서, 순전히 혼자의 힘으로 메우며 살아야 했다. 하지만 그 이야기를 서로 나누는 순간만큼은 더 이상 고립된 개인이 아니었다. 서로가 서로에게 버팀목이었다.

본 적 없는 서류상 가족 찾기

장례와 추모식을 마친 뒤에도 작별은 쉬이 끝나지 않았다. 한 사람을 떠나보내는 일은 법과 제도 앞에서 계속되었다. 아빠와 나, 단 두 사람만 기록된 가족관계증명서는 내가 최선순위 상속인이라는 사실을 명확히 했다. 아빠가 무엇을 남겼는지 알 수 없었지만, 그것들을 법적으로 정리하려면 사망일로부터 3개월 안에 결정을 내려야 했다. 상속을 받을지, 상속을 포기할지, 아니면 한정승인을 신청할지 셋 중 하나를 선택해야 했다.

장례와 추모, 설 연휴까지 정신없이 소화하고 다시 거리로 나가 대통령 탄핵 집회에 합류했다. 일상에 복귀해 이런저런 활동을 이어가는 사이 시간은 빠르게 흘러가고 있었다. 어느덧 3주가 지나 선택의 시간이 다가오고 있었다. 아빠가 있을 때나 없을 때나 인생의 대소사를 모두 홀로 감당해야 한다는

가족 없는 시대

사실은 변하지 않았다.

가장 먼저 해야 할 일은 아빠의 사망신고였다. 내가 사는 동네 주민센터에서도 처리할 수 있었지만, 아빠의 전입을 도와준 친구 부모님께 직접 감사 인사를 드리고, 아빠를 마지막으로 떠나보낸 그 지역에서 마무리하고 싶었다. 그래서 전입신고를 진행했던 주민센터를 찾아갔다. 창구에 앉아 있던 담당 공무원이 나를 알아보며 전입한 지 얼마 되지 않았는데 무슨 일로 왔느냐고 물었다. 사망신고를 하러 왔다고 하자, 잠시 말을 멈추고 애처로운 눈빛을 보냈다.

서류를 확인하던 공무원이 조심스레 말했다. "주민등록증도 주셔야 합니다. 반납하셔야 해요." 손에 들고 있던 아빠의 주민등록증을 내려다보았다. 그것은 단순한 플라스틱 카드가 아니었다. 사회 속에서 아빠의 존재를 증명했던 마지막 표식이었고, 이제는 영정사진 속 얼굴과 겹쳐 보이는 유품이었다. 내가 손끝에서 놓아버리는 순간 아빠는 현실과 행정 기록 모두에서 영영 사라지는 것이었다. 마지막까지 놓고 싶지 않았지만, 결국 직원에게 건넸다.

사망신고를 마친 뒤 안심상속 원스톱 서비스를 신청했다. 이는 사망자의 금융자산, 부채, 보험, 연금, 세금 체납 여부 등을 한 번에 조회할 수 있는 제도다. 원래대로라면 금융기관, 세무서, 국민연금공단, 건강보험공단 등 각 기관을 일일이 찾아다니며 서류를 떼야 하지만, 이 서비스를 이용하면 단 한 번의 신청으로 그 모든 내역을 일괄 조회할 수 있다. 상속포기 혹은 한정승인을 결정하기 전 아빠의 남겨진 재산과 채무를 확인할 수 있는 사실상 유일한 절차였다.

그러나 남겨진 것은 숫자와 금액만이 아니었다. 아빠의 삶을 둘러싼 법적 기록과 관계의 흔적들이 내가 찾은 서류 속에서 하나씩 모습을 드러냈다. 채권자와 함께 작성한 공증 차용증, 부동산 임대차계약서, 각종 거래 내역서까지 전혀 생각지 못한 것들도 있었다. 종이 위의 문장과 도장 속에는 그간 아빠와 얽혀 산 사람들의 자취가 배어 있었다. 처음 들어보는 낯선 이름과 단체는 나에게 또 다른 숙제로 다가왔다.

공장을 정리하는 과정에서 아빠가 회사를 주식회사 법인으로 전환해 운영해왔다는 사실도 알게 되었다. 심지어 주주명부에는 아빠와 함께 살았던 사람들의 이름이 있었다. 내게는 그 명부가 오히려 아빠의 '진짜' 가족관계증명서처럼 보였다. 그러나 법이 인정한 가족은 오직 나뿐이었다. 살아서 나누지 않았던 주식을, 아빠는 죽어서야 내게 남겼다. 그 결과 법적 가족이라는 이유 하나만으로 부채를 짊어진 채 망한 공장의 주식을 상속받아야 하는 처지가 됐다. 주식을 상속받는 순간 내가 그 회사의 '최대주주'(대표주주)가 될 가능성이 컸다. 주식을 가장 많이 가진 사람이 되면, 공장 정리와 관련된 연락과 절차 역시 나에게 몰릴 게 뻔했다. 물론 그 과정에서 생길 법적·행정적 부담까지도.

가족 없는 시대

그러나 이 주식을 어떻게 할지는 내 마음이 내키는 대로 결정할 수 있는 일이 아니었다. 내가 상속을 포기하면, 그 몫은 법이 정한 순서에 따라 다른 사람에게 넘어가게 된다. 문제는 그 다른 사람 대부분이 내가 이름조차 모르고 본 적도 없는 먼 친척들이라는 데 있었다. 아빠의 죽음이 남긴 것은 빚과 주식만이 아니라, 법과 혈연이 뒤엉킨 복잡한 관계망이었다. 그 순간부터 상속은 단순한 재산 문제를 넘어 낯선 이름들이 찍힌 관계의 지도를 하나씩 찾아가는 일이 되었다.

법은 상속의 범위를 고인의 사촌까지 허용하고 있었다. 내가 상속을 포기하면, 그 권리는 아빠의 사촌들에게 차례로 넘어간다. 여기서 말하는 '사촌'이란 아빠를 기준으로 한 사촌을 가리킨다. 즉 아빠의 친가 쪽에서는 할아버지의 형제자매(큰아버지·작은아버지 등)의 자녀들, 외가 쪽에서는 할머니의 형제자매(이모·삼촌 등)의 자녀들까지 모두 포함된다. 그 때문에 할아버지와 할머니에게 형제가 몇이나 있었는지, 또 그들의 자녀가 누구인지 하나하나 확인해야 했다. 나 혼자만의 문제로 끝나지 않기에, 다른 사람에게 불시에 부담을 떠넘기지 않으려면 서류 속에서 처음 마주하는, 한 번도 본 적 없는 가족들을 찾아나서야 했다. 할아버지 형제의 자녀들과 관련된 서류는 어렵지 않게 확인할 수 있었다. 그러나 할머니 쪽으로 넘어가면 이야기가 달라졌다. 한국의 행정 체계가 철저히 부계혈통주의에 뿌리를 두고 있다는 것을 다시 한번 깨닫는 순간이었다. 할머니가 결혼하기 전 형제들의 존재까지는 확인할 수 있었지만, 결혼 이후 그들의 가족관계가 어떻게 이어졌는지는 전혀 알 수 없었다. 가계도는 절반만 그려진 채 멈춰 있었다.

법이 나에게 직접 찾아내라고 명령한 것은 아니었지만, 모르는 가족들에게 빚의 부담을 안기지 않으려면 나머지 절반을 그려내야만 했다. 본 적도 없고, 살아 있는지조차 알 수 없는 사람들의 행적을 추적해야 하는 현실이 터무니없게 느껴졌다. 절차는 차갑게 흘러갔고, 그 불합리함에 화가 치밀었다.

서류를 찾기 위해 주민센터를 찾았을 때, 담당 직원 역시 난감한 기색을 감추지 못했다. 부계 중심의 기록 구조 속에서 모계 쪽 계보는 아예 닿을 수 없는 영역으로 남겨져 있었다. 결국 사설 탐정, 이른바 흥신소에 의뢰해 찾는 방법까지 알아봤지만 배보다 배꼽이 더 컸다. 의뢰 비용이 너무 비싸서 고려하기조차 어려웠다. 남은 것은 반쪽짜리 가계도와 닿을 수 없는 관계들을 억지로 찾아나서야 하는 허탈함뿐이었다.

상속포기, 나를 위한 결정

시간은 속절없이 흘러갔고, 어느덧 결단을 내려야 하는 시기가 왔다. 아빠를 병원에 보내고, 무빈소 장례를 치르고, 작은 추모식을 열었던 나는 마지막 선택만을 남겨두고 있었다.

한정승인과 상속포기. 한정승인은 피상속인의 재산 범위 안에서만 채무를 갚겠다는 조건으로 상속을 받아들이는 것이고, 상속포기는 재산과 빚 모두를 상속받지 않겠다는 결정이다.

언뜻 보기에는 한정승인이 좀 더 합리적으로 보일 수도 있다. 하지만 구체적인 절차에 들어서면 이야기가 달라진다. 우선 안심상속 원스톱 서비스에서 보내오는 결과 문자를 하나씩 확인하고, 등기부등본·금융내역·세금 체납 여부까지 모든 재산과 부채를 확인·정리해야 한다. 그 과정에서 발견되는 건 대부분 '소유한 재산 없음'과 '채무 있음'이라는 사실뿐이었다.

상속포기를 결정하려면 아빠의 재산을 건드려서는 안 됐다. 인출이나 사용 사실이 있으면 상속포기가 무효화될 수 있기 때문이다. 다행히 통장은 장례를 치르기 몇 달 전 아빠가 직접 새로 발급받아 정리해둔 이후로 내가 손을 댄 적은 없었다. 생활비나 병원비도 내가 직접 부담했기 때문에 재산을 사용했다고 볼 만한 사유는 없었다. 이 점이 상속포기 절차를 진행하며 마음을 놓을 수 있는 유일한 조건이었다.

무빈소로 장례를 치른 탓에 장례식과 추모식에 오지 못했던 사람들은 뒤늦게 내게 상속 이야기를 꺼냈다. "세무사 통해서 잘 정리하고 있지?"라는 질문에는 아빠가 조금이라도 재산을 남겼을 거라는 전제가 깔려 있었다. 그제야 알았다. 세무사는 '남은 것'을 계산하고 정리할 때 찾는 사람이지만, 내게 필요한 건 '남은 빚'을 막기 위해 움직여줄 사람이라는 것을. 아빠가 무엇을 남겼는지 알 수 없던 나는 사망일로부터 3개월 안에 상속을 받을지, 포기할지, 한정승인을 택할지 결정을 내려야 했다. 그리고 그 결정을 실제로 밀어주는 건 세무사가 아니라 변호사와 법원 절차였다. 그 질문을 듣는 순간, '누군가는 상속을 정리라고 부를 만큼 남기고 떠나는구나' 싶어 내 처지가 선명해졌다. 아빠는 그 흔한 사망보험도, 가입된 상조도 없었다. 남긴 것이라고는 은행 대출, 공장 운영을 위해 빌리고 또 빌린 돈, 대출로 대출을 막다가 보이스피싱까지 당했던 흔적뿐이었다.

그 무렵, 남편을 먼저 떠나보낸 동네 지인에게서 한정승인을 선택했던 이야기를 들었다. 처음에는 자녀에게 빚을 넘겨주지 않으려고 상속포기를 고민했지만, 결혼식에 와줬던 사촌들과의 관계를 생각해 결국 한정승인을 택했다는 것이다. 그러나 그 선택은 곧 남편이 운영하던 사업장의 파산 절차까지 혼자 감당해야 한다는 뜻이기도 했다. 변호사 비용이 만만치 않아 혼자 진행하고 있다며, 각종 서류를 직접 준비하고 법원에 여러 차례 오가느라 몸도 마음도 지쳤다고 했다.

그의 이야기가 마치 내 상황을 그대로 비추는 거울처럼 느껴졌다. 한정승인을 선택해 아빠 공장의 주주가 된다면, 나역시 그 재산을 근거로 파산 신청 절차를 밟아야 했다. 변호사를 선임하고, 법원이 지정한 파산관재인과 함께 모든 재산과 채무를 하나씩 정리하면서 말이다. 이는 단순히 '빚을 조금만

     가족 없는 시대

갚는 방법'이 아니라, 앞으로 몇 년간 행정과 법의 절차 속에서 내 삶을 소모해야 한다는 뜻이었다. 무엇보다 공장을 정리하는 순간, 주주 명부에 적힌 이름들과 다시 연결될 수밖에 없다는 사실이 가장 큰 부담으로 다가왔다.

명절마다 나에게 오지 말라고 했던 아빠, 그리고 그 명절을 함께 보냈을 그들. 주주 명부 속 이름들은 아빠에게 가족과 다를 바 없었고, 공장의 일상과 명절 풍경을 나 대신 나눴던 사람들이었다. 그들의 몫이어야 할 정리를 내가 대신할 이유는 없었다. 오히려 평생 본 적 없는 먼 친척들에게 상속 연락이 가는 편이 마음이 더 편했다. 그들과 얽히는 건 재산 문제를 떠나 내가 스스로 끊어내고 지켜온 삶의 거리를 무너뜨리는 일이었다. 이 지긋지긋한 연이 공장 정리를 통해 이어지게 둘 수는 없었다.

가족관계증명서를 떼어보니, 할아버지 쪽은 이미 모두 세상을 떠난 뒤였고, 할머니 쪽은 부계 혈통주의 행정 때문에 결혼 전의 형제들만 기록되어 있었다. 결혼 이후 할머니의 가족관계가 어떻게 변화했는지 알 길은 없었다. 혈통을 부계 중심으로만 추적하는 행정 구조인 탓에 모계 쪽 인연은 애초 확인조차 되지 않았다. 1930년대생인 그들이 살아 있을 가능성은 희박했고, 그 자녀들도 아빠보다 나이가 많을 가능성이 컸다. 생존 여부조차 불확실한 이들과 얽히며 절차를 이어가기 보다는 이쯤에서 선을 긋는 게 맞았다. 결국 나는 상속포기를 선택했다. 단지 빚 때문만이 아니었다. 내 의사와 상관없이 오랫동안 이어져온 지긋지긋한 관계의 고리를 끊어내고 싶었다. 어릴 때부터 "아빠 재산은 상속받지 않겠다"고 말해왔는데, 이제 그 다짐을 정말로 실현하게 된 셈이었다.

변호사는 상속포기에 필요한 서류 목록을 정리해주었다. 고인인 아빠와 관련된 서류로는 가족관계증명서, 기본증명서, (유효기간 3개월 이내의) 말소자 초본이 필요했고, 상속포기인인 나와 관련된 서류로는 가족관계증명서, 주민등록초본, 인감증명서, 기본증명서, 소송위임장이 필요했다. 나는 서류와 도장을 빠짐없이 준비해 변호사에게 보냈다.

며칠 뒤, 상속포기 심판청구서가 접수되었다는 메시지와 함께 사건번호를 전달받았다. 변호사는 이렇게 덧붙였다. "심판이 내려지면 철회는 원칙적으로 불가능하지만, 심판 전까지는 취하가 가능합니다. 오늘부터 3~6주 사이, 심판이 나오기 전까지 마음이 바뀌면 다른 선택을 할 수도 있습니다. 하지만 현재 가족이 없거나, 있어도 연락이 닿을 가능성이 거의 없는 상황에서는 상속포기가 가장 나은 선택일 겁니다."

겨울이 봄으로 바뀌는 사이, 상속포기 수리 심판문이 도착했다. 그리고 이틀 뒤, 윤석열 대통령의 파면 선고가 있었다. 격변의 계절 속에서 내 인생의 한 챕터가 닫히는 소리가 또렷하게 들려왔다. 아빠의 돌봄을 전담하던 시절부터 함께 고민을 나눴던 변호사님께 연락을 드렸다. 상속 문제로 어려움을 토로하던 내게 상속 전문 변호사를 소개해주었던 그분은 잘 견뎌냈다는 짧은 메시지를 건넸다. 그 한마디가 오래도록 마음을 감쌌다.

절망적인 상황에서 기꺼이 손을 내밀어준 사람들이 곁에 있다는 사실이 위로가 됐다. 나는 다시 한번 깨달았다. 무빈소 장례를 선택한 것도, 추모식을 연 것도, 그리고 상속포기를 택한 것도 결국 모두 나를 위한 결정이었다는 것을.

산 사람은 어떻게든 살아낸다

상속포기는 아빠가 돌아가신 지 두 달도 채 지나지 않아 내린 결정이었다. 시간이 갈수록 마음이 더 불안해져 서둘러 절차를 밟고 싶었다. 그로부터 열흘쯤 뒤에 법원에서 등기가 왔다는 문자가 도착했다. 상속포기 수리 심판문이 도착한 줄 알고 황급히 봉투를 열었는데, 막상 전혀 다른 것이 나왔다. 채권자들이 보낸 소장이었다. 난생처음 받아보는 소장에 가슴이 두근거렸다. 이제 다 끝났다고 생각했는데, 또다시 알 수 없는 일이 벌어지고 있었다. 채권자들이 우선상속인인 내 앞으로 소송을 걸어왔던 것이다.

상속포기를 한다고 해도 법원이 채권자들에게 이를 자동으로 알려주는 절차는 없다. 예전에 변호사로부터, 채무 관련

소송이 오면 직접 내용증명을 보내 상속포기 사실을 알리라고 안내받은 적이 있었다. 그 안내가 이제 현실이 된 것이다. 또 다른 절차, 또 다른 행정의 문턱이 나를 기다리고 있었다.

이 과정에서도 변호사를 선임해 대행을 맡길지 직접 처리할지를 선택해야 했다. 장례와 상속포기 절차만으로도 진이 빠질 지경이었지만, 스스로 끝을 보지 않으면 무엇 하나 끝나지 않는 상황이었다. 상속포기 수리 심판문이 도착하자마자 전자소송포털에 가입해 채권자 소송에 대한 이의신청서를 작성하고, 상속포기 판결문을 첨부해 제출했다. 단순한 서류 제출이 아니라, 조항을 확인하고, 기재사항을 맞추고, 첨부파일 형식을 변환하는 등 예상보다 훨씬 많은 일을 처리하며 에너지를 써야 했다. 서류를 전송한 뒤에도 '이제 정말 끝일까?' 하는 의심이 고개를 들었다. 언제든 또 다른 봉투가 날아올 수 있다는 불안이 여전히 나를 괴롭혔다.

법적 절차를 이어가던 중 몇 달 전 어렵게 잡아두었던 아빠의 대학병원 초진 예약 알림 문자가 도착했다. 예약을 잡던 날, 4개월 뒤에나 진료가 가능하다는 의료진의 안내에 나는 망연자실했다. "그때까지 못 버티실 수도 있겠네요." 그 말은 정말로 현실이 되고 말았다. 문자 속 날짜를 바라보며 멍하니 서 있는데 갑자기 눈물이 쏟아졌다. '그때 바로 대학병원에 갔다면 달라졌을까' 하는 생각이 잠시 머릿속을 스쳤지만, 이미 지나버린 일이었다. 초진 한 번 받는 데도 몇 달을 기다려야 하는

가족 없는 시대

이 나라의 의료 시스템은 죽음의 속도를 따라잡지 못했다. 그 더딘 과정 속에서 누군가는 속수무책일 수밖에 없었다.

장례와 상속, 끝나지 않는 전화와 서류, 병원과 법원 사이를 오가며 한동안 내 삶에 집중하지 못했다. 무엇을 했는지보다 무엇을 놓쳤는지가 먼저 떠오르는 시간이었고, 쉽게 해소되지 않는 불안에 밤에도 잠을 이루지 못했다. 여기서 무너지면 정말이지 남아나는 게 없을 것 같아서 마음을 다잡으려 애썼다.

우선 삶의 기반부터 다시 세우기로 했다. 천장에서 물이 새던 집을 떠나기로 한 건 큰마음을 먹고 내린 결정이었다. 비가 올 때마다 바닥에 대야를 놓고 젖은 벽지를 바라보며 버티는 일이 나 자신에 대한 방치처럼 느껴졌다. 오랜 시간 발품을 팔아 마침내 욕조가 있는 집을 찾았을 때, 처음으로 몸을 놓을 자리를 떠올렸다. 욕조에 천천히 몸을 담그며 그간 쌓여온 긴장을 풀고 깊은숨을 내쉬었다. 누군가를 돌보느라 비우고 비워낸 나를 되찾은 순간이었다.

그 뒤로 나는 하루하루의 일상과 감정을 충실하게 기록해나갔다. 돌봄과 장례를 둘러싼 행정 절차 속에서 느낀 무력감과 분노, 그리고 작은 회복의 순간까지 놓치지 않고 써내려갔다. 남겨두지 않으면 자취도 없이 사라져버릴 이야기였으므로. 용기 내 쓰지 않으면 언젠가 흐릿해질 기억이라 생각해 펜을 잡았다. 기록은 단순한 메모가 아니라 생존의 흔적이다. 내가 이 시간을 버텨냈다는 증거이고, 누군가에게 건넬 이야기의 단서다.

몸의 리듬을 되찾는 일도 시작했다. 아빠를 돌보느라 한동안 중단했던 운동부터 재개했다. 찬 공기가 몸을 휘감는 새벽녘에 나가 러닝을 하고, 밤에는 헬스장에서 근력운동을 하고, 주말이면 배드민턴 라켓을 들고 체육관으로 향하거나 풋살화를 신고 잔디구장에 섰다. 숨이 턱끝까지 차오르고 여기저기 근육이 뻐근했지만, 운동할 때만큼은 머릿속을 깨끗하게 비울 수 있었다. 체력을 회복하자 마음이 단단해졌고, 멈춰 있던 일상이 다시 흐르기 시작했다. 잃어버렸던 삶의 감각을 조금씩 되찾았다.

몸을 추스르고 일상을 돌보면서 중단했던 학업도 다시 이어갈 수 있게 되었다. 환자와 가족 모두가 존엄을 지킬 수 있도록, 치매 돌봄과 거주 공간, 지역사회를 연결해보고 싶어서 대학원 논문 주제를 '기억돌봄 집'으로 정했다. 아빠가 치매 진단을 받은 이후로 나는 줄곧 집에만 고립되거나 요양시설로 곧장 밀려나기 전에 잠시 머물 수 있는 '중간 거처' 같은 공간을 상상해보곤 했다. 함께 밥을 차려 먹고, 몸을 움직이고, 동네를 천천히 걸으며 하루의 리듬을 만드는 곳. 어린이집처럼 돌봄의 일과를 가진 치매 돌봄 공간 말이다.

자신이 원하는 삶을 조금이라도 더 누릴 수 있도록 환자에게 시간을 확보해주고, 가족들 역시 돌봄에 매몰되지 않고

    가족 없는 시대

잠시 숨을 고를 수 있도록 지원해주는 공간을 상상했다. 치매안심센터 같은 공공서비스와 동네의 경로당, 복지관, 공원, 상점이 연결되어 돌봄이 집 안에서만 맴돌지 않고 지역사회로 흘러가게 만드는 설계. 내가 직접 경험했던 돌봄의 공백과 제도의 한계를 조금씩 메워가고 싶다는 절박함이 '기억돌봄 집'이라는 대안 모델을 구상하도록 이끌었다. 그런 점에서 논문은 아빠가 내게 남겨주고 간 과제이기도 하다. 그 설계를 실제 삶에서 구현할 수 있도록 해보겠다고 마음속으로 수없이 다짐했다.

다른 한편으로는 끝난 줄 알았던 죽음이 서류더미 속에서 계속 이어지고 있었다. 행정과 서류는 내게 끊임없이 아빠의 부재를 각인시켰다. 장학재단에 학자금 대출을 신청하며 가족관계증명서를 제출할 때, 아빠 이름 앞에 붙은 '망亡' 자가 눈에 들어왔다. 공직자윤리시스템에 재산신고를 할 때도 '아빠 재산은 기재하지 않아도 된다'는 안내를 받고 멈칫했다. 아빠가 나의 일상 어딘가에 여전히 존재하고 있는 것 같다는 느낌이 들었지만, 차가운 서류 위에서 그의 존재는 한결같이 '없음'으로 정리됐다. 아빠가 떠났다는 사실을 조금씩 몸에 새기며 깨달았다. 산 사람은 상실을 안고서도 다시 하루를 살아가야 한다는 것을. 과거를 덮어둔 채 살아가는 것이 아니라 그 무게를 끌어안고 앞으로 나아가야 한다는 것을.

아빠와 나 같은 이들이 더는 혼자 남겨지지 않도록 돌봄

의 공백을 메울 수 있는 구조를 만들어보겠다는 계획도 조금
씩 뿌리를 내리고 있다. 살아낸다는 건 끝을 다시 시작으로 바
꾸는 일이기에, 산 사람은 이렇게 살아낸다.

의 공백을 메울 수 있는 구조를 만들어보겠다는 계획도 조금
씩 뿌리를 내리고 있다. 살아낸다는 건 끝을 다시 시작으로 바
꾸는 일이기에, 산 사람은 이렇게 살아낸다.

 가족 없는 시대

5.

관계의
이름을
다시 쓰기
위해

함께 산다는 것의 의미

삶에 대한 고민이 깊던 스물아홉, 이상하게도 '다시 시작' 같은 말이 자꾸 들려왔다. 무엇보다 지오디가 재결합했다. 한때 끝난 줄 알았던 이들이 다시 모여 무대에 서는 걸 보면서, 나도 모르게 마음 한구석이 들썩였다. 끝이 아니라는 감각이 그해 내내 나를 조금씩 움직였다.

나는 성소수자 친구들과 함께 서울청년정책네트워크에 들어갔다. 노동, 주거, 문화 같은 분과에는 이미 굵직한 의제와 언어가 마련되어 있었다. 누군가의 일자리 이야기나 주거 고민, 문화생활에서 마주친 문제의식은 꺼내는 순간 곧바로 '의제'가 되었고, 기존의 틀 안에서 비교적 수월하게 정리될 수 있었다.

그러나 성소수자의 삶은 쉽게 '의제' 위에 올라타지 못했다. 주거이기도 하고 노동이기도 하고 문화이기도 한데, 막상 그 어느 분과의 언어로도 온전히 설명되지 않았다. 어디에나 걸쳐질 수 있어서 그 어디에서도 중심이 되지 못했다. 그래서 우리는 '기타'로 묶인 분과에 앉았다. 남은 자리를 채우러 간 게 아니라, 아직 이름을 얻지 못한 삶들이 잠시라도 모일 수 있는 곳이 그 자리뿐이어서였다. '기타'라는 글자 아래 앉아 있으면, 내가 어디에 속하는지보다 어디에서 비껴나 있는지가 더 선명해졌다.

그 자리에서 우리는 먼저 이야기를 꺼냈다. 성소수자 분과가 필요하다고. 거창한 선언을 하려던 건 아니었다. 우리가 여기에서 활동하고 있다는 사실을 숨기지 않고 우리 자신의 목소리로 우리의 일상을 말하자는 것이었다. 안전, 주거, 일, 관계, 가족, 의료 같은 것들. 다른 이들에게는 너무도 당연하지만, 성소수자에게는 몫이 주어지지 않는 것들. 그 배제와 소외가 한 사람의 하루와 일상을 어떻게 바꾸는지, 더는 각자의 입 속에서만 삭이지 말자고 했다. 그리고 필요하다면 '권리'라는 단어도 피하지 말자고 했다. 우리 이야기가 자꾸 '개인의 사정'으로만 처리되지 않도록.

처음에는 대부분 낯설어했다. 하지만 그 사이로 고개를 끄덕이는 사람들이 보였다. '여기에도 사람이 있고 삶이 있다'는 말이, 그저 주장이 아니라 누군가의 하루를 떠올리게 하는 구체적인 이야기로 들리는 순간이 있었다. 그렇게 모두의 동

 가족 없는 시대

의 속에서 성소수자 분과가 만들어졌다. 그게 10월이었다. 서울청년정책네트워크 안에 처음으로 성소수자 분과가 생긴 순간이었다. 그러자 할 수 있는 일이 늘었다. 회의 안건으로 제안서를 낼 수 있었고, 다른 분과와 협업을 붙일 수도 있었고, 무엇보다 '성소수자'라는 단어를 숨기지 않고 말할 수 있는 자리가 생겼다. 하지만 자리 하나가 생긴다고 해서 우리의 삶이 곧바로 달라지는 것은 아니었다. 말이 가능해진 것과, 그 말이 제도 내부에 안착하는 것은 다른 일이었다. 불과 두 달 뒤인 12월, 같은 도시에서 그 차이를 더 크게 확인했다.

그해 12월, 서울시 인권헌장은 끝내 발표되지 않았다. 서울시는 인권헌장을 통해 앞으로 정책과 행정을 어떤 인권 원칙에 따라 추진할지, 시민을 어떤 차별로부터 보호할지에 관한 기본 원칙을 정리해 공개하겠다는 계획을 발표했다. 그 계획에 따라 시민위원회가 1년 가까이 헌장의 각 조항을 다듬어 최종안을 만들었지만, 약속은 끝내 선언되지 못했다. 쟁점은 차별금지 사유를 어디까지 구체적으로 적을 것인가였다. 시청 주변에서는 성적 지향, 성별 정체성 같은 표현을 넣느냐 빼느냐를 두고 찬반 단체가 집회로 맞붙었다. 그들은 서울시를 향해 각기 항의와 지지를 외쳤다. 결국 서울시는 절차상의 이유를 들어 발표를 무산시켰다.

같은 도시에서 전혀 다른 장면이 펼쳐지고 있었다. 서울청년정책네트워크에서는 우리가 말하는 족족 자리가 생겼다.

'기타'로 뭉뚱그려졌던 이야기들이 '분과를 만들자'는 공감으로 이어졌고, 그 순간만큼은 우리가 함께 살아갈 수 있겠다고 믿었다. 적어도 그곳에서는 '함께'가 구호가 아니라 방법처럼 느껴졌다. 그러나 서울시 인권헌장은 전혀 달랐다. 고작 성적 지향과 성별 정체성 같은 말을 넣을 것인지 말 것인지를 두고서 함께 살기 위한 약속을 가장 먼저 저버렸다. 그때 처음으로 우리가 끝내 함께 살지 못할 수도 있다는 생각을 했다. 인권을 두고도 누군가는 환대받고, 누군가는 끝까지 협상 대상이 되는 세계라면.

그 무렵 나는 자꾸 같은 질문으로 되돌아갔다. 사람들과 함께 살아간다는 게 정말 가능한 일일까. 나를 부정하는 사람들, 내 존재를 협상의 대상으로 놓는 사람들과도 함께 살아갈 수 있을까. 어떤 이는 내 삶을 두고 '찬반'을 말했고, 어떤 이는 '그건 너무 이르다'거나 '굳이 드러낼 필요가 있냐'고 했다. 그 말들 앞에서 자꾸 멈칫했다. 함께 산다는 말이 누군가에겐 너무 쉽게 내 삶을 흔드는 방식으로 쓰였으니까.

그럼에도 우리는 이곳에서 함께 살고 있었다. 서로 다르다고 해서 분리된 공간에서 각자 따로 살아갈 수는 없었다. 함께 살아야 한다면, 그 '함께'가 누군가를 밀어내는 조건이 아니라 서로의 안전을 지켜내는 약속이어야 한다고, 그리고 그 약속이 결국 '누구도 차별받지 않는 사회'로 실현되어야 한다고 생각했다. 나에게 '차별 없는 사회'는 거창한 구호가 아니라 현

     가족 없는 시대

실에서 유지되는 최소한의 합의나 규칙의 문제로 보였다. 누가 보호받고 누가 배제되는지, 어떤 관계가 설명 없이도 존중받고 어떤 관계가 끝없는 설명을 요구받는지. 이 불균형을 줄이려면 서로를 더 알아야 했다. 불편하더라도 회피하지 않고 말을 걸고 대화를 나눠야 했다. 다름을 지우고 서로를 설득하기 위해서가 아니라 그 다름 속에서도 서로의 존엄을 지키는 방법을 찾기 위해서.

내가 추구하는 '안전한 사회'는 마음을 달래는 구호가 아니었다. '차별하지 말자'는 말이 널리 퍼져 있었지만, 그 말이 닿지 않는 자리에서 삶은 종종 무너졌다. 그래서 나는 좀 더 구체적인 것들을 떠올렸다. 위기가 왔을 때 누구에게 연락할 수 있는지, 어떤 기관이나 제도에서 도움을 받을 수 있는지, 어떤 서류가 필요한지. 그리고 그 서류에 적힌 '관계'란 앞에서 멈칫하지 않아도 되는지. 관계를 설명할 것을 요구받지 않는지, 설명할수록 더 위험해지는 상황이 생기지는 않는지. 안전이란 어떤 위기나 위험도 발생하지 않는 안온함의 상태가 아니라 삶이 흔들릴 때도 멈추지 않고 작동하는 최소한의 장치 같은 것이었다. 또한 그것은 삶의 마지막 순간에 여전히 존엄을 지킬 수 있는지의 문제이기도 했다. 잘 죽을 권리가 잘 사는 권리와 따로 떨어져 있지 않다고 점점 더 또렷하게 믿게 됐다.

그전까지 죽음은 내 삶과 큰 관련이 없는 일이었다. 같은 커뮤니티 안에서 이름을 알고 있거나 멀리서 소식을 듣던 성소수자 당사자들의 죽음이 있었지만, 그 죽음은 늘 '소식'으로만 남았다. '그만큼 힘들었나보다'라는 말 이후에는 어색한 침묵이 감돌았다. 장례는 익숙하지 않았고, 애도는 더 낯설었다. 나는 그 죽음들을 어떻게 애도해야 하는지, 애도할 자리가 있기는 한 것인지 물어야 했다.

하지만 아빠의 죽음은 달랐다. 그 죽음은 내 삶을 정면으로 관통했고, 익숙해질 수 없는 온갖 감정들을 불러일으켰다. 장례 절차와 서류, 결정해야 할 일들이 한꺼번에 몰려왔고, 가족이라는 이름이 주는 권한과 책임이 동시에 나를 덮쳤다. 누군가의 죽음이 어떻게 처리되는지, 남겨진 사람이 무엇을 증명하고 무엇을 제출하며 어떤 순서로 떠안게 되는지 그 지난한 과정을 온몸으로 겪어내야 했다. 죽음이 한 개인이나 그의 주변 사람들에게 닥치는 사건만이 아니라는 것을 그때 알았다. 죽음은 제도적 절차이기도 했다. 그리고 그 제도는 가족의 자격을 규정했다. 돌봄은 죽음의 자리에서도 작동하고 있었고, 이름과 자격을 요구했다.

살아 있을 때만 필요한 것이 아니라는 점에서 돌봄은 죽음과 연결되어 있었다. 그 과정을 함께하고 마지막까지 곁을 지키는 이가 누구인지에 따라 죽음 이후의 절차도 달라졌다. 그 관계망이 부재한 이들, 즉 가족이 없거나, 있더라도 법적 가족이 아니라는 이유로 가까운 관계를 인정받지 못하는 이들은 죽는 순간에조차 더 쉽게 밀려날 수 있다는 사실이 선명해졌다.

     가족 없는 시대

아빠의 장례를 마무리하고 서서히 일상을 회복해가던 무렵, 동네에서 열린 '임종 관리 네트워크' 모임에 참여했다. 가족의 장례를 치러본 경험이 있는 이들이 모여 '집에서 잘 죽는 법'을 이야기하는 자리였다. 하지만 대화는 곧 제도의 높은 벽에 부딪혔다. 집에서 임종을 맞더라도 경찰이 타살·자살 여부를 확인하러 오고, 의료인은 원칙적으로 의료기관 밖에서 의료행위를 할 수 없어 마지막 시간을 집에서 지키는 일이 여전히 어렵다는 이야기가 오갔다. 그날의 대화는 내게 한 가지 확신을 남겼다. 좋은 돌봄, 좋은 죽음이란 개인의 의지나 가족의 노력만으로는 만들어지지 않는다. 사회적 관계와 제도적 안전망이 동반될 때 가능하다.

가족의 자리를 넓히기 위해

아빠를 돌보고, 장례를 치르고, 상속 절차를 정리하는 과정 내내 한결같이 곁을 지켜준 존재가 있었다. 집으로 돌아오면 가장 먼저 나를 맞아주고, 내가 흔들리거나 무너지려고 하면 귀신같이 알아채는 존재. 야코였다. 야코는 '가족'이라는 단어를 다시 떠올릴 수 있게 해주었다. 가족이었기에 책임감을 갖게 되는 존재이기도 했다.

야코와 함께하는 삶을 선택하기까지 여러 부침이 있었다.

이사를 결정하면서 함께하던 강아지를 엄마에게 보낸 적이 있었기 때문이다. 반려동물과 함께 산다는 건 단순히 동물을 '키우는' 일이 아니라 가족을 만드는 일이다. 누군가를 내 삶의 중심에 들이고, 나의 하루를 그 생명의 하루와 맞추는 일이다. 그렇기에 오래 망설일 수밖에 없었다. 처음에는 '입양' 대신 '임시보호'를 떠올렸다. 한 생명을 나의 생활 반경 안으로 들이는 일이 얼마나 무거운 책임을 동반하는 일인지 좀 더 진중하게 고민하고 싶었다. 유기견 보호소를 찾아다니며 봉사를 하고, 유기견 온라인 카페 게시판의 글들을 오래 들여다봤다.

그러다 우연히 야코를 보게 됐다. 카페 게시판에 올라온 공고 글이었다. 나는 글에 적힌 경기도 화성의 유기견 보호소에 연락해 임시보호를 하고 싶다고 말했다. 그런데 예상 밖의 답이 돌아왔다. "이 친구라면 입양도 가능해요. 입양을 권유드리고 싶어요." 입양이라는 말 앞에서 여러 번 망설이면서도 나도 모르게 주민등록등본과 입양 비용을 보내고 있었고, 어느새 야코를 데리러 가기 위해 문을 나서고 있었다. 어쩌면 이미 정해진 결말이었던 것인지도 모르겠다.

야코를 데리고 온 뒤로 하루가 눈에 띄게 바뀌었다. 야코와 함께하는 일상이 나를 단단히 붙잡아주었다. 마음이 무너져 내리는 날에도 집에 들어가 문을 열어야 했고, 야코를 밖으로 데리고 나가야 했고, 빈 밥그릇을 채워야 했다. 아무것도 못 하겠다고 느낄 만큼 심신이 지친 날에도 건너뛸 수 없는 일들

　　　　가족 없는 시대

이었다. 혼자 버티는 대신 누군가의 생에 책임감을 발휘하는 방식으로 하루하루를 보내게 됐다.

반려동물과 함께하는 삶에도 끝은 있다. 이별의 후유증은 다양했다. 어떤 이는 반려동물이 떠난 뒤 며칠 동안 집에 못 들어갔다고 했다. 현관문 비밀번호를 누르다가 손을 멈추고, 복도에서 한참을 서 있다가 다시 밖으로 나왔다고 했다. 문을 열자마자 보이는 밥그릇, 물그릇, 바닥에 남은 털, 소파 모서리에 찍힌 발자국…… 집 구석구석 반려의 흔적은 역력했고, 예전 같으면 '다녀왔어' 한마디에 들리던 발톱 소리가 더는 나지 않는다는 것도 확인해야 했다. 어떤 이는 밥을 먹다가 갑자기 울음을 터뜨렸다고 했다. 늘 같이 먹던 자리에서 혼자 밥을 뜨다가, 반찬을 놓다가, 물을 따르다가, 습관처럼 '먹자'라고 말하려다가 목이 막혔다고 했다.

반려동물과 사별한 이야기를 꺼내면 대개 비슷한 답이 돌아왔다. '그래도 오래 살았잖아', '다음에 또 키우면 되지'. 상대는 위로를 건넨다고 생각했겠지만, 당사자에게는 '이제 그만 얘기하자'는 신호처럼 들린다. 슬픔을 설명할 틈도, 일상이 어떻게 무너졌는지 이야기할 틈도 없이 대화는 다른 주제로 넘어가버린다. 그러나 반려동물을 떠나보낸 상실감을 이겨내고 회복하는 일 역시 돌봄의 영역에서 다뤄져야 할 문제다. 심리 상담을 받을 수 있는 창구, 애도할 시간을 확보할 수 있는 제도, 장례 절차와 이후 행정을 정리해주는 안내, 애도할 수 있는 공간 등이 필요하지만, 사회는 아직 이 변화를 따라오지 못하고 있다. 반려동물과 함께 사는 사람이 크게 늘었고, 그들이 '가족의 자리'를 채우고 있는데도 그렇다. 가족이기 때문에 같이 사는 동안에는 병원비와 보험, 노령 돌봄, 돌봄 공백을 메우는 대책이 필요하고, 마지막 이별의 순간에는 장례와 애도가 필요하다.

정책과 제도가 조금씩 바뀌고 있는 것도 사실이다. 취약계층이나 노인 1인가구의 반려동물 돌봄을 지원하는 사업이 생기고, 보험이 확대되고, 장례를 돕는 서비스도 늘어난다. 동반 가능한 공간도 확연히 늘었다. 그렇지만 그 변화가 구체적인 '생활언어'로 자리 잡았느냐고 하면, 선뜻 그렇다고 답하기는 어렵다. 법적으로는 반려동물이 여전히 인간이 소유하고 있는 물건이나 재산으로 분류되고, 제도는 오직 '인간'만을 가족으로 규정한다. 병원에서는 보호자를, 행정에서는 가족관계를, 복지와 주거에서는 가구를 기준으로 삼는다. 그 기준 안에서 반려동물은 끝내 가족으로 인정되지 않는다. 행정이 삶의 현주소를 파악하지 못하고 있는 것이다.

나 역시 그 간극을 경험한 적이 있다. 일터에서 복지 포인트로 강아지 용품을 구매하며 가족기념일로 처리했는데, '강아지는 가족이 아니라서 가족기념일로 처리할 수 없다'는 말이 돌아왔다. 나에게는 매일의 일상을 함께하는 가족인데, 제도의 언어는 그 관계를 가족이 아니라며 잘라냈다. 함께하는

가족 없는 시대

삶이나 친밀성이 개인의 마음만으로 완성되지 않는다는 것을 선명히 확인한 순간이었다. 제도가 인정해주지 않는 관계는 계속해서 예외로 밀려난다.

제도가 느리게나마 변화하며 현실의 삶을 반영하려 애쓰고 있다는 것을 느끼는 순간이 간혹 있기는 하다. 마포구에서 시행한 1인가구 생활형 사회서비스 사업(2025년)의 지원을 받아 열한 살이 된 야코의 건강검진을 진행했을 때 그랬다. 해당 사업은 청년·중장년 1인가구를 대상으로 일상·건강·안전에 대한 맞춤형 생활서비스를 제공했다. 미미한 수준이지만, 이런 지원은 돌봄에 드는 비용을 줄여주는 것은 물론 불안도 어느 정도 잠재워준다. 반려동물과 함께하는 삶을 지속가능하게 만드는 최소한의 조건인 것이다.

나는 지금 이 순간에도 야코와 함께 있다. 책임이 원치 않는 의무가 아니라 삶의 마지막 순간까지 함께 준비해나가는 여정임을 덕분에 깨닫는다. 밥을 챙기고, 병원에 가고, 약을 먹이고, 돌봄 공백을 대비하고, 언젠가 찾아올 이별까지 준비하는 일. 반려동물과 가족이 되는 이들이 늘어나는 만큼, 그 가족을 지탱하는 제도도 더 구체적으로 설계될 필요가 있다. 반려동물을 잃은 상실감을 각자 슬퍼하고 끝낼 일로 남겨두지 않기 위해서. 야코가 사회의 언어 속에서도 가족으로 존재하기 위해서. 그리고 이 책임을 누군가의 개인 사정으로 간주하지 않는 세상을 만들기 위해서.

빈집 그리고 빈자리

아빠를 떠나보냈다고 해서 내 삶이 끝난 것은 아니었다. 상속포기를 선택했기에 법적으로는 더 이상 아빠의 채무와 재산을 상속받지 않게 되었지만, 법원 서류 바깥에서는 성가신 일들이 터졌다. 채권자들은 내가 상속을 포기했다는 사실을 알지 못한 채 계속해서 소장을 보내왔고, 그때마다 나는 상속포기 사실을 소명해야 했다. 그렇게 소訴가 취하되는 상황이 반복됐다. 내 손으로 끝낸 줄 알았던 관계는 서류를 타고서 몇 번이고 다시 돌아왔다.

빈자리의 의미를 깨닫게 된 과정이었다. 빈자리는 실제로 비어 있는 자리라기보다 누군가 거기 있어야 한다는 전제가 만들어낸 자리였다. 아빠의 자리가 비어버리자, 사회는 자동으로 그 자리를 대신할 가족이 있어야 한다는 가정을 들이밀었다. 그리고 그 가정은 곧바로 책임의 경로를 만들었다. 가족이 없거나, 가족이 책임을 거부하거나, 가족이 서로를 모르는 상태여도 그 빈자리를 어떻게든 메우려 했다. 가족관계 서류로 상속인을 특정하고, 그에게 상속 절차와 채무 정리를 요구했다.

이와 비슷한 장면을 다시 마주한 건 서교동에서였다. 경로당을 옮겨야 하는 상황이 생기자 어르신들은 익숙한 자리를 떠나는 데 대해 거부감을 드러냈다. 행정은 정책 추진을 이유

 가족 없는 시대

로 이전을 결정했지만, 어르신들에게는 단순한 이전이 아니라 평생 쌓아온 생활 동선과 관계망이 통째로 흔들리는 일이었다. 결국 어르신들은 직접 발품을 팔며 대안을 찾기 시작했다. 그 대안은 동네 한 구석에 있는 오래된 빈집이었다. 서울시 소유의 시유지 위에 남아 있던 무허가 주택으로, 국가유공자가 살던 곳이라고 했다. 그분이 세상을 떠난 뒤 집은 그대로 비어 있었다. 어르신들은 그 집을 고쳐 경로당으로 쓰는 장면을 곧바로 상상해냈다.

문제는 그 다음이었다. 이 공간을 어떻게 살릴지 고민하는 어르신들과 달리 마포구청은 변상금 문제부터 꺼내들었다. 점유의 책임 주체를 특정한 뒤 변상금을 부과하는 일을 우선순위에 둔 것이다. 그 과정에서 행정은 이전 거주자의 법정상속인을 찾기 시작했다. 가장 가까운 상속인들이 상속을 포기한 사실이 드러나자, 그때부터는 이전 거주자의 외가 쪽 친족까지 집요하게 추적했다. 문제는 2년이 넘도록 그 일을 중단하지 않는다는 데 있었다. 한 번도 함께 살아본 적 없는 관계를 변상금이라는 명목으로 다시 불러내는 과정을 지켜보며 끝난 줄 알았던 관계가 서류를 통해 다시 호출되던 나의 경험을 떠올릴 수밖에 없었다.

누군가 떠난 뒤 남겨진 집이 아무도 원치 않는 공간이 되는 순간을, 나 역시 여러 번 봐왔다. 누군가의 추억과 경험이 깃들어 있을 집은 사람이 떠나고 나면 순식간에 처분과 정리의 대상이 된다. 그리고 그 부담은 대개 가족에게 떠넘겨진다. 그렇다면 가족의 부재가 이토록 흔해진 시대에는 누가 그 일을 맡아줄까? 만일 그런 이를 찾지 못하면 집은 끝내 정리되지 못한 채 방치된다. 관계가 사라지면 집도 버려진다.

그렇게 비워진 집을 보면서 한 가지를 확신하게 됐다. 초고령사회를 준비한다는 건 단지 돌봄을 대비하는 문제만이 아니다. 어떤 사람이 사라진 뒤 남겨지는 것들을 어떻게 감당할 수 있을지 도시의 차원에서 고민하고 구성하는 일이기도 하다. 돌봄의 위기란 병원과 요양시설 안에서만 벌어지는 사건이 아니다. 사람이 떠나 방치된 집은 화재·붕괴 위험은 물론 무단침입과 범죄에도 취약해지며, 악취와 해충 번식 같은 생활 피해가 주변으로 번지기도 한다. 동네 기억의 소멸과 공동체 공간의 축소까지 생각하면, 빈집은 도시 차원에서 감당해야 할 문제이기도 하다.

게다가 지금 우리는 극심한 주거난을 겪고 있다. 이는 집이 부족하다거나 남아돈다는 식으로 단순화할 수 있는 문제가 아니다. 한편에는 안정적으로 살아갈 집을 구하지 못해 내일을 계획하지 못하는 이들이 있고, 다른 한편에는 기약 없이 비어 있는 집들이 있다. 실거주가 아니라 자산으로 묶어두기 위해 비워둔 집들, 전·월세를 내놓지 않은 채 비워둔 집들도 여기 해당한다. 하지만 내가 좀 더 관심을 두는 것은 살던 사람이 떠난 뒤 책임질 주체가 사라져 그대로 남겨진 집이다. 결국 빈집이란 물리적으로 비어 있는 공간을 뜻하기도 하지만, 관계의 단절이 선명히 드러나는 방식이 되기도 한다. 앞으로 우리가 고민해야 할 것은 남겨진 집을 어떤 삶과 연결할지, 그 연결을 어떤 방식으로 현실화할지다.

그런 점에서 초고령사회의 노인 공간에 관심을 갖게 된 것은 꽤나 자연스러운 일이었다. 빈집을 커뮤니티 공간으로 전환하는 일, 그리고 기존 경로당을 다른 방식으로 활용할 수 있도록 재구성하는 일에 특히 마음이 동했다. 이때 중요한 것은 점유가 아니라 공유다. 공간의 소유권을 누군가에게 내주거나 이전하는 방식이 아니라 동네가 함께 쓰는 방식으로 만들기. 그건 곧 '누가 주인인가'를 따지기 전에 '어떻게 함께 쓸 것인가'를 먼저 묻도록 공간의 문법을 바꾸는 일이었다.

함께 쓰는 방식을 상상하기 전에 먼저 떠오른 것은 하나의 집이 비워지기 직전의 장면이었다. 누군가가 요양병원이나 요양원으로 옮겨가기 전, 집은 이미 한차례 정리의 과정을 거치게 된다. 어떤 면에서 이것은 이사보다 더 큰 이동이다. 기존의 생활이 완전히 중단되기 때문이다. 그런 상황에서 집을 비운다는 건 단지 짐을 빼는 일이 아니다. 냉장고 안의 오래된 음식부터 약 봉투와 진료 기록, 낡은 옷가지와 침구, 쌓여 있던 우편물과 집안 구석의 먼지까지 한 사람의 낱낱한 일상을 하나씩 들춰내고 분해하는 일이다. 또한 무엇을 버리고 무엇을 남길지 결정하는 일이고, 남길 것이 있다면 어디에 둘지 정하는 일이다. 집을 비운다는 건 결국 한 사람이 살아온 시간 전체를 정리하는 일이기에 몸도 마음도 닳는다.

그 노동은 거의 늘 가족에게 배정된다. 자녀가 휴가를 내고, 형제자매가 갈등을 삼키며, 누군가는 혼자서 몇 주를 들락거리며 집을 치운다. 이는 돌봄의 연장선상에 있는 노동이다. 돌봄이란 병원 침대맡을 지키는 것만을 의미하지 않는다. 집을 정리하고, 각종 계약관계를 수습하는 등 남겨진 삶의 파편을 처리하는 것 역시 돌봄이다. 가족이 없거나 가족이 손을 놓은 경우에는 다른 이가 그 일을 맡게 된다. 유품을 정리하고, 집을 비우고, 마지막 흔적을 치우는 일로 생계를 잇는 노동자들 말이다.

나는 또 다른 공백에 눈길이 갔다. 가족을 비롯해 친밀한 관계가 없거나, 끊어졌거나, 있더라도 돌봄을 기대할 수 없는 사람들은 그와 같은 정리를 이어가는 데 어려움을 겪는다. 이렇듯 관계의 빈자리는 돌봄의 공백을 만든다. 그런데도 사회는 가족이라는 전제를 고집하고, 돌봄을 개인의 윤리로 떠넘기면서 공공의 책임을 소거한다. 결국 중요한 것은 빈자리를 메우는 일이 아니라, 애초 가족의 부재가 결핍으로 인식되지 않도록 하는 제도를 구축하는 일인지도 모른다.

가족의 빈자리를 메워주는 이들은 이미 우리 곁에 있다. 요양보호사, 생활지원사, 간병인 같은 돌봄노동자가 바로 그들이다. 사회가 오랫동안 가족에게 떠넘겨왔던 일을 이제는

　　　　　　가족 없는 시대

노동으로서 전담하며 누군가의 일상 속 빈자리를 채운다. '돌봄 인력이 부족하다' 따위의 통계 문장으로는 그 노동의 현실을 설명할 수 없다.

현장에서 만난 한 돌봄노동 종사자는 가사 서비스로 집을 정리하러 갔다가 며칠 뒤 집에서 물건이 없어졌다는 연락을 받는 경우가 종종 있다는 이야기를 들려주었다. 정신질환이나 초기 인지장애가 있는 경우, 물건을 어디에 두었는지 까맣게 잊은 채 누군가 훔쳐갔다고 확신해버리는 일이 종종 발생한다. 문제는 그 상황에서 돌봄노동자를 보호해줄 장치가 거의 없다는 점이다. 어떤 경우에는 복지시설, 요양센터 등 소속 기관에서 비용을 부담하고, 어떤 경우엔 개인이 그 책임을 전부 떠안는 방식으로 상황이 종료되기도 한다. 보호장치가 마련되지 않은 돌봄은 돌봄하는 사람의 삶까지 위태롭게 만든다.

빈집과 빈자리는 결국 하나의 문제의식 속에서 이어지게 된다. 누군가 떠난 뒤 남겨진 일과 돌봄노동을 어떻게 공공의 책임으로 전환할 것인가. 그런 점에서 빈집은 단지 남겨진 건물이 아니다. 한때 누군가가 맺었던 관계가 사라진 흔적이자, 제도가 닿지 못한 자리, 책임이 비어 있는 틈이기도 하다. 그 틈을 메우는 작업은 두 가지 방식으로 진행되어야 한다. 하나는 아무도 원치 않는 집을 모두가 쓸 수 있는 공간으로 바꾸는 일(공간의 전환)이고, 다른 하나는 가족이 없다는 사실이 결핍으로 인식되지 않도록, 돌봄이 개인의 의무로만 남겨지지 않도록 공공이 제도를 더 촘촘히 설계하는 일(책임의 전환)이다. 그리고 그 전환의 한복판에 돌봄노동자가 있다. 빈자리를 메우는 일을 개인의 희생으로 남겨두지 않으려면, 그 일을 수행하는 사람의 안전과 권리를 함께 설계해야 한다. 돌봄이 지속되려면, 돌봄하는 사람도 지켜져야 한다.

정책이 곧 삶

정책은 늘 삶보다 뒤에 온다. 사람들이 먼저 다치고 무너진 다음에야 '그런 일이 있었군요' 하며 뒤늦게 이름을 붙인다. 그래서 많은 정책은 '예방'이 아닌 '사후 수습'이 된다. 문제는 그사이 사람들의 삶이 손상된다는 데 있다. 어떤 손상은 회복이 불가능하다. 정책이 무너진 삶을 수습하는 처리 과정이 아니라 삶이 무너지지 않도록 도와주는 장치로 기능한다면 어떨까?

나에게는 1인가구 정책이 바로 그 장치였다. 마포구의회에서 정치를 시작했을 때 그 정책을 가장 먼저 붙잡았던 것도 그 때문이었다. '혼자여도 안전한 마포'를 만들겠다는 선거 당시의 약속을 제도에 정직하게 반영하고 싶어서 1인가구 자문단에 들어가 당사자의 목소리를 듣고, 1인가구 공모사업 예산을 늘려 주민이 스스로 기획하고 운영할 수 있게 도왔다. 동료

의원들과는 1인가구 연구회를 꾸려 1인가구 정책을 주거·돌봄·관계망으로까지 확장된 의제로 검토하도록 행정을 견인했다. 혼자 사는 사람들이 지역 안에서 정책의 주체가 되기 시작한 작은 변화였다.

때로 정책은 잘못된 방향으로 흘러가기도 한다. 대표적인 것이 결혼친화환경 조성 조례였다. 마포구청은 해당 조례를 통해 '미혼 남녀 만남 지원 사업'을 추진하며 1인가구 문제의 해법을 결혼에서 찾고자 했다. 출산, 육아 등의 어려움을 해소할 구체적 방안은 내놓지 않으면서 이성 간 만남 주선을 대책이랍시고 들이민 것이다. 타 지역에서 유사한 사업이 실패하거나 부작용을 일으킨 선례들이 있었음에도 같은 실패를 반복하려 했다. 결국 나는 의회에서 이 조례를 부결시켰고, 다행히 사업은 무산됐다.

이 문제는 해외 연수에서도 분명히 드러났다. 다양한 형태의 가족을 지지하는 목소리를 내온 전국 규모의 가족단체 프랑스의가족연맹Familles de France과 미팅을 진행했을 때, 동행한 마포구 의원들은 어떻게 하면 혼인율을 높일 수 있는지 물었다. 그러나 가족연맹 측에서는 전혀 예상치 못한 답을 내놓았다. '혼외 출생'과 '결혼 내 출생'을 구분하지 않을뿐더러, 결혼과 출산을 연속적인 선후 관계로 설정하는 대신 각각의 독립된 선택으로 본다는 것이었다. 따라서 결혼을 권장하는 지원 제도 자체가 없으며, 정부의 각종 혜택은 부모나 가족이 아니라 '아이'를 기준으로 설계된다고 했다. 결혼 여부 혹은 가정의 형태(한부모 가정 혹은 양부모 가정)와 관계없이 오로지 아이의 성장에만 초점을 맞춰 차별 없이 지원하는 제도였다.

한국의 정상가족 신화가 얼마나 견고한지 그때 다시 한번 확인했다. 한국사회는 (이성 간의) 결혼-임신-출산-양육으로 이어지는 단일 경로만을 정상적 생애주기로 간주하는 낡은 프레임에서 여전히 벗어나지 못하고 있다. 결혼하지 않은 상태에서 이루어지는 임신과 출산, 양육이 끊임없이 주변부로 밀려나는 것은 그 때문이다. 가족 제도를 혼인관계 바깥에서 다시 정의하는 것이야말로 앞으로 풀어가야 할 과제라는 것을 절감한 순간이었다.

제도와 삶의 엇갈림은 위기 상황에서 더욱 극명하게 드러난다. 코로나19 초기, 원가족과 절연한 친구는 끝내 재난지원금을 받을 수 없다. 실제로는 이미 끊어진 지 오래된 관계였지만, 주민등록과 건강보험 서류상으로는 여전히 가족관계였다. 긴급재난지원금(2020년 5월 1차)이 세대주를 중심으로 신청을 받고, 지급 절차도 주민등록상의 세대(가구)를 기준으로 하는 바람에 친구는 본인 몫을 따로 신청할 수 없었다. 결국 지원금은 서류상 가족(세대주)에게 지급됐다. 연락이 끊긴 마당에 돈을 돌려받을 방법은 없었다.

비슷한 일은 얼마든지 있다. 누군가는 세대주에게만 지급되는 구조 때문에 자기 몫을 받지 못했고, 누군가는 이혼조정

중인데도 '법적 배우자' 기준으로 묶여 지원의 경로가 뒤틀렸다. 사람들은 이미 다른 방식으로 살고 있는데, 제도는 낡은 가족 형태를 기준 삼아 움직였다. 그 틈에서 어떤 삶들은 또다시 주변부로 밀려났다. 잇따른 비판에 2021년 9월 시행된 5차 긴급재난지원금(코로나 상생 국민지원금)부터는 개인별 지급이 도입됐다. 하지만 '개인별'이라는 말과 달리, 지급 대상은 여전히 가구 합산 건강보험료를 기준으로 갈렸다. 신청과 수령은 개인이 할 수 있었지만, 대상자 판정은 또다시 주민등록과 건강보험이 묶어둔 가구 단위에 기댔다. 이 때문에 서류상 가족 관계가 남아 있는 사람은 실제로 관계가 끊어졌더라도 지원을 받기 어려웠다.

나는 이 문제를 특수 사례로 간주하고 싶지 않다. 오히려 이런 사례가 늘어나고 있다는 것이야말로 중요한 사실이다. 가족의 형태는 이미 다양해졌는데, 제도는 여전히 혈연·혼인 중심의 문법에서 벗어나지 못하고 있다. 달라진 삶을 포괄하지 못하는 정책은 누군가를 고립시킬 수밖에 없다. 고립은 개인의 탓이 아니라 제도가 만들어낸 공백이다. '외로움'이라는 단어도 그 사실을 드러낸다. 외로움은 단지 마음의 상태가 아니라, 관계망에서 고립된 상태를 가리킨다. 이런 이유로 몇몇 국가는 외로움을 사회적 위험으로 다루기 시작했다. 한 가지 예로, 정부 차원에서 외로움 대응 체계를 만들고 장기 전략을 세운 영국의 사례는 관계를 개인의 문제로만 간주하지 않으려는 변화를 보여준다. 고립이 늘어나고, 그 고립이 건강과 안전, 생존의 문제로 이어진다면 그것은 개인의 약함이 아니라 사회의 설계 문제이기 때문이다.

그 부실한 설계는 사고, 재난 시에 적나라하게 드러난다. 그런 상황에서는 가족이 아니면 할 수 없는 일들이 늘어난다. 신원을 확인하려 해도, 실종 신고를 하려 해도 법적 가족이 아니라는 이유로 가로막힌다. 제도가 오직 '가족'이라는 통로만을 남겨둘 때, 그 통로 밖에 있는 사람에게 재난은 곧 생존의 문제가 된다. 한 가지 예로, 일본의 동일본대지진에서는 피해 확인부터 병원 면회·의료 결정, 시신 인도, 임시주거 배정, 지원금과 구호물자 지급까지 가족 여부가 접근과 결정 권한을 가르는 기준이 되었다. 이런 이유로 동성 파트너는 가장 가까운 관계임에도 법적 가족이 아니라는 이유로 연락과 확인, 결정의 절차에서 배제되었다.

그 이후로 이런 식의 배제는 성소수자 커플에게 '목숨이 달린' 문제로 체감됐고, 그런 절박함 속에서 파트너십 제도 같은 제도적 장치를 요구하는 흐름이 나타났다. 파트너십 제도는 지방자치단체가 두 사람의 관계를 공적으로 확인해주는 등록 제도다. 혼인과 같은 법적 지위를 모두 부여하지는 않더라도 가족이 아니라는 이유로 기본적은 절차나 역할에서 배제되는 일을 줄이기 위한 최소한의 증명 장치가 된다.

이태원 참사 때도 비슷한 장면이 반복됐다. 연락이 닿지

          가족 없는 시대

않아 달려온 친구와 연인들이 있었지만, '확인'과 '인계'의 단계로 이행할수록 관계의 자격은 급격히 좁아졌다. 실종자 정보를 확인하는 일, 신원을 확인하는 일, 시신을 인수해 장례를 진행하는 일까지 대부분의 절차가 법적 가족을 중심으로 돌아갔다. 가족이 아닌 이들은 권한이 없다는 이유로 가장 절박한 순간에 배제되었다. 재난은 어떤 관계를 가족으로 인정하고 보호할 것인가를 둘러싼 법적, 사회적 논의가 한쪽으로 치우쳐 있음을 드러낸다.

이런 맥락들은 우리가 사회운동뿐 아니라 제도적 변화에도 시선을 돌릴 필요가 있음을 상기시켜준다. 법적 가족이 아니면 위급한 상황에서 정보에 접근할 수 없고, 중요한 결정에 관여할 수 없고, 마지막을 함께할 수조차 없는 현실은 제도적 규정이 어떤 관계를 순식간에 '존재하지 않는 것'으로 지워낼 수 있음을 보여준다. 평상시의 돌봄 역시 마찬가지다. 제도는 도움을 필요로 하는 모든 이들에게 길을 내주지 않는다. '가구'로 묶일 수 있는지, '보호자' 자격을 획득할 수 있는지 없는지, 증명을 요구받는 관계인지 아닌지에 따라 접근이 가능할 수도, 아닐 수도 있다. 제도가 엄연히 존재하는데도 많은 이들이 고립되는 이유다.

2026년 3월 시행을 앞두고 있는 돌봄통합지원법을 변화의 출발점으로 삼으려 하는 것도 그 때문이다.* 아빠를 떠나보낸 2025년을 나는 이 제도를 준비하는 과정으로 버텨냈다. 법과 제도가 생겨나더라도 그것이 지역에서 제대로 작동하지 않으면 삶은 달라지지 않는다는 걸 누구보다 잘 알기에, 현장의 목소리를 누락하고 싶지 않았다. 어르신 돌봄·의료 간담회와 장애인 돌봄·의료 간담회를 열어 제도와 현장의 간극이 어떤 식으로 발생하는지, 제도적 설계가 놓친 사각지대는 없는지 여러 차례 확인하려 했다.

그 감각은 내가 사는 동네를 바라보는 방식에도 남아 있다. 이를테면 망원동은 '치매 안심 동네'이지만, '치매에 대한 지원 체계가 갖춰진 곳'이라는 평판을 얻는 것과 실제 지역 주민들의 안전을 확보하는 것은 다른 문제다. 돌봄통합지원법을 준비하는 과정에서 치매안심센터의 역할은 물론 위기 시 응급 입원과 보호 조치가 어떤 경로로 움직이는지 들여다볼 기회가 있었는데, 그때 알게 됐다. 제도는 갑자기 닥치는 위기에 대응하기에 너무 느리고, 기관들은 각자의 업무에만 갇혀 핵심을 놓친다.

그사이 가족이나 가까운 이는 어떤 일부터 시작해야 하는

---

* 돌봄통합지원법은 '의료·요양 등 지역 돌봄의 통합지원에 관한 법률'(법률 제20415호, 2024. 3. 26. 제정, 2026. 3. 27. 시행)의 약칭이다. 노쇠·장애·질병·사고 등으로 일상생활 유지가 어려운 사람이 살던 곳에서 건강하고 자립적인 생활을 이어갈 수 있도록, 시·군·구를 중심으로 보건의료·요양·돌봄 서비스를 통합·연계해 지원하는 체계를 규정한다. 2026년 3월 27일 전면 시행에 따라 전국의 모든 시·군·구에서 통합돌봄이 추진될 예정이며, 구체적인 조직·창구 운영, 서비스 구성과 연계 방식 등은 각 지방자치단체의 지역계획·조례 및 지역 여건에 따라 일부 달라질 수 있다.

　　　가족 없는 시대

지, 어디에 연락을 취해야 하는지조차 알지 못한 채 헤매게 된다. 아빠를 돌보면서 그 혼란이 어떻게 한 사람의 삶을 무너뜨리는지 뼈저리게 경험했기에, 적어도 내가 사는 동네에서는 아빠나 내가 겪은 일이 반복되지 않았으면 한다. 돌봄통합이란 그저 서비스를 하나 더 없는 일이 아니라, 병원, 복지, 주거, 공공기관을 하나의 흐름 속에서 단절 없이 이어냄으로써 위기의 순간을 지원하는 일이다. 위기 징후의 발견부터 사례 접수·초기 분류, 현장 방문을 통한 상태 확인, 의료진 개입과 치료·입원 연계, 퇴원 계획 수립, 퇴원 이후 생활지원과 모니터링까지를 하나의 제도 안에서 일관되게 연계한다.

중장년을 위한 정책이 턱없이 부족한 것도 심각한 문제다. 중장년은 고립과 돌봄 공백을 처음으로 경험하게 되는 시기다. 일자리가 불안정해지거나 중간에 끊기고, 이혼·별거·사별로 관계망이 빈약해지고, 부모 돌봄과 자녀 부양이 동시에 겹치기 때문이다. 아직 돌봄이 필요한 몸으로 분류되지 않지만, 식사를 유지하고 집을 관리하는 것과 같은 최소한의 생활 돌봄을 이어가는 데 어려움을 겪는다.

문제는 이때 도움을 받을 수 있는 제도가 부재하다는 것이다. 청년정책의 연령 기준을 상향 조정하는 방식은 큰 의미가 없다. 생애주기가 확연히 다른 데다, 중장년에게 필요한 건 취업 지원 몇 개를 더 붙이는 일이 아니라 관계망·건강·생활 돌봄·일이 한 덩어리로 설계된 안전망이기 때문이다. 그 점에서 돌봄통합은 노년만의 과제가 아니다. 어떤 생애주기에 속한 사람이든 돌봄이 필요한 순간에 지원을 받을 수 있도록 하는 모두의 안전망이다.

혼자일 권리? 혼자일 수 있는 권리!

어쩌다 시작하게 된 독립이 어느새 스무 해를 맞았다. 누군가와 함께 산 시간만큼 혼자 살아온 시간이 더 많다. 혼자 산다는 건 내게 삶을 유지하는 기술에 가까웠다. 선택이든 필연이든, 혼자 살다 보면 작은 결정부터 크고 중대한 사안까지 모든 것을 혼자 책임져야 하는 순간들이 따르기 마련이다. 아플 때도, 집안일이 쌓일 때도, 예상치 못한 큰일이 닥쳤을 때도. 혼자의 삶이 늘상 자유롭기만 한 것은 아니다.

아빠를 돌보던 시간, 그리고 아빠가 떠난 뒤 남겨진 절차들을 홀로 감당하던 시간은 내게 묵직한 질문을 남겼다. 내가 또다시 누군가를 돌봐야 하는 상황이 왔을 때, 혹은 내가 돌봄을 필요로 하는 사람이 되었을 때, 어떤 안전망 안에서 살아갈 수 있을까. 그래서 나는 돌봄을 개인의 선의이나 가족의 책임으로만 두지 않고, 어떤 사회가 되어야 하는지까지 함께 생각하게 됐다. 돌이켜보면 나부터 돌봄을 꽤나 손쉬운 일로 상상해온 건 아닌가 싶다. 언제든 필요하면 부탁하고, 부담스러우

가족 없는 시대

면 거절할 수 있는 것처럼. 어디까지 타인에게 맡길지 마음대로 정할 수 있는 것처럼.

하지만 애초 그런 것을 선택할 수 없는 이들도 있다. 돌봄이 없으면 하루를 시작할 수조차 없는 이들, 돌봄이 잠시라도 중단되면 삶이 멈추고 마는 이들이 그렇다. 이때 돌봄은 선택의 문제가 아니며, 심지어는 자신의 가장 내밀한 영역을 타인에게 드러내야 하는 부담이 되기도 한다. 매 순간 돌봄이 필요하다는 사실이 사생활과 자기결정권을 위태롭게 만드는 것이다. 돌봄이 '선택'이 아닌 '절대 조건'이 될 때, '혼자'의 의미는 완전히 달라진다.

특히 가족이 없고 장애가 있는 1인가구에게 혼자의 삶은 안전과 존엄의 문제로 직결된다. 안전을 지킬 수 있는 돌봄의 최소선은 어디까지인지, 일상을 유지하게 해주는 지원이 줄거나 멈추면 어떤 일이 발생하는지, 그리고 돌봄을 받는 동안에도 존엄을 지키려면 어떤 권리들을 보장받아야 하는지, 위기의 순간에 공공이 어디까지 개입해야 하는지. 한 사람의 삶은 내가 감당할 수 없는 이런 질문들을 숨 쉴 틈 없이 한꺼번에 쏟아냈다. 친구 H였다.

H는 나와 같은 동네에 사는 동갑 친구다. 우리는 2023년에 처음 만났다. 그해 봄, 서울시는 시 예산으로 제공해오던 '서울형 활동지원급여' 이용자들을 대상으로 '적정 수급' 점검을 진행했다. 행정 문서에는 '점검'과 '조정'이라 적혔지만, 당

사자들에게는 활동지원 시간이 줄거나 끊길 수 있다는 통보로 다가왔다. H 역시 그 통보를 받았다. 그 조정은 H에게 일상이 언제든 멈출 수 있다는 공포를 불러일으켰다.

그 소식을 전해 듣고, '줄었다'는 말이 무엇을 뜻하는지부터 확인했다. 상황을 자세히 들어보니 가만히 기다릴 문제가 아니었다. 서울시에서 줄인 시간 전체를 커버할 수 있는 건 아니었지만, 급한 대로 마포구에서 지원할 수 있는 가용 범위 내에서 가능한 경로를 찾아 연계했다. 그리고 얼마 지나지 않아 H의 집을 찾았다. 손봐야 할 곳들이 꽤 있었고, H 혼자서는 감당하기 어려운 수리와 정비가 필요해 보였다. 범죄나 화재 같은 각종 위험에도 더 취약할 수 있다는 것을 고려해 집수리 지원과 1인가구 안전장치 설치사업도 연계했다.

구의원과 민원인으로 처음 만났던 우리는 어느새 서로의 안부를 묻고, 생일을 챙기고, 명절에 인사를 나누는 친구가 되었다. 어떤 날은 하루 동안 가장 많이 연락한 사람이 서로이기도 했다. 하지만 H와 가까워질수록 내 안에서 자꾸 무언가가 부대꼈다. H와 있을 때면 자립이라는 것이 도대체 무엇인지 자꾸만 아득한 질문으로 되돌아갔다. 아마도 그건 H를 통해 자립이 모든 사람들에게 동등하게 주어지는 삶의 형태가 아님을 조금씩 깨닫게 되었기 때문이었을 것이다. 내게 자립은 오랜 시간 몸에 배어온 생활 기술에 가까웠다. 경제적 불안과 정서적 고립이 따르더라도, 어쨌든 몸을 움직여 밥을 차리고 화

　　　가족 없는 시대

장실에 가고 약을 챙길 수 있었다. 아프면 버티고, 힘들면 겨우 수습하며, 혼자서 어떻게든 일상을 굴릴 수 있었다. 나의 자립은 '혼자서도 해내는 방식'에 가까웠다.

H에게 자립은 '스스로 결정할 수 있는 삶'이었다. H는 10여 년 전 장애인 거주시설을 나와 처음으로 혼자 살기 시작했다. 말 그대로 탈시설이었다. 시설에서는 먹는 시간도, 자는 시간도, 씻는 시간도 모두 정해져 있었다. 한동안 세상 사람들도 다 그렇게 사는 줄 알았다고 했다. 탈시설했을 때를 "다시 태어난 해"라고 말하는 H를 지켜보며 깨달았다. 누구에게는 선택과 취향의 언어인 '혼자의 삶'이 누구에게는 사람답게 살고 스스로 결정을 내릴 수 있는 지극히 기초적인 권리를 되찾는 투쟁이라는 것을. H가 어렵게 되찾아온 그 결정권은 마음이나 의지만으로 지켜질 수 없는 것이다. 공공의 지원이 부재한 상황에서 자립은 곧 또 다른 위험이 되기 때문이다.

H와 친구가 된 이후부터는 약속을 잡기 전에 먼저 이런 것들을 확인한다. 가게 입구에 경사로가 있는지, 문턱이 높은지, 휠체어가 들어갈 만큼 통로가 넓은지. 테이블 높이는 괜찮은지, 의자를 빼면 공간이 나는지, 화장실이 접근 가능하며 장애인 화장실이 잘 갖춰져 있는지. 누군가에게는 사소할 이런 환경들이 H에게는 당장 오늘의 이동과 일정을 좌우하는 절대적 조건이다. 자립이 마음만으로 되는 일이 아니라 이런 식의 조건들을 같이 만들고 조정해나가는 일이라는 걸 H와 함께하

는 매 순간 깨닫는다.

　이보다 더 중요한 문제는 집이라는 공간에서 안전하게 일상을 유지할 수 있느냐는 것이다. H는 1인가구로 살아가는 여성 장애인이다. 혼자서는 화장실에 갈 수 없고, 일상을 유지하려면 24시간 활동지원이 필요하다. 이런 이야기를 꺼내는 순간 대화는 종종 '삶'이 아닌 '비용' 쪽으로 기운다. '그렇게까지 지원해야 하느냐'는 시선이 따라붙고, 탈시설과 자립을 둘러싼 곱지 않은 말들도 덧대어진다. 주로 '시설에 있으면 더 편하고 효율적인데 왜 나와서 고생하냐' '예산은 한정돼 있는데 대책 없이 나오면 안 된다'는 식이다.

　그런 세간의 시선을 완전히 모른 척하기는 어렵다. 그들 말마따나 예산은 한정되어 있고, 정책은 언제나 선택과 배분의 문제다. 하지만 바로 그 이유 때문에라도 더 정확히 말해야 한다. 자립은 공짜가 아니다. 혼자 살아갈 권리를 누구에게나 동등히 부여하는 사회라면, 그 혼자가 살아갈 수 있는 조건을 같이 부담해야 한다. 자립은 혼자 살게 내버려두는 것이 아니라, 혼자로도 안전하고 존엄하게 살아갈 수 있도록 하는 공공의 설계다.

　H의 문제를 해결하기 위해 지자체와 대책 회의를 할 때 들었던 황당한 말이 있다. '활동지원 시간을 늘릴 수 없으니, 밤에 화장실을 안 가면 안 되냐.' 대안이랍시고 제시된 행정의 언어는 한 사람의 몸을 조정 가능한 변수쯤으로 취급하고 있

　　　가족 없는 시대

었다. 생리와 안전의 문제를 당사자가 참으면 되는 일로 정리하는 순간, 자립은 권리가 아니라 또 다른 폭력이 된다. 한 사람의 존엄을 짓밟는 발언으로 느껴져서 한동안 그 말을 뇌리에서 지울 수 없었다.

그 말은 돌봄과 자립이 어떤 방식으로 설계되어 있는지 또렷하게 보여줬다. 제도의 한계와 공백을 성찰하기보다 당사자가 그 빈틈을 감당하도록 만드는 설계. 집에서는 활동지원 시간이 모자라 최소한의 일상조차 영위할 수 없고, 일터에서는 지원이 '직무 보조'와 '일상 지원'으로 기계적으로 나뉘는 탓에 직무로도 일상으로도 분류되지 않는 '사이'의 영역에서는 지원을 받을 수 없게 된다. 이 때문에 H는 일하는 시간 동안 먹고, 마시고, 용변을 보는 등의 기본적인 욕구와 생존에 대한 권리조차 보장받지 못했다. 근로시간에 식사를 하거나 화장실에 가는 것은 '근로'에 해당하지 않으니 지원을 제공하기 어렵다는 이야기들을 들을 때마다 큰 절망을 느낀다. 어떤 이를 '노동할 수 없는 몸'으로 강고하게 낙인찍고 탈락시키는 사회에서 자립을 이야기하는 것이 과연 가능한가?

가족이 점점 더 줄어드는 '가족 없는 시대'에 혼자의 삶을 택하는 이들은 계속해서 늘고 있다. 그러나 그 삶을 더 이상 선택의 영역으로만 남겨두어서는 안 된다. 혼자일 수 있는 권리는 혼자인 사람을 '언젠가 무너져도 이상할 것 없는 존재'가 아니라 '혼자여도 살아갈 수 있는 존재'로 인정할 때 비로소 세워

질 수 있다. 나는 그 권리를 더 많은 사람들과 함께 넓혀가고 싶다. 누구도 최소한의 돌봄과 안전을 흥정해야 하는 자리에 서지 않도록. 누구도 법적 보호자의 공백 때문에 삶이 위험해지지 않도록. 혼자여도 안전하고, 존엄하고, 삶의 크고 작은 결정을 스스로 내릴 수 있도록.

설명이 필요하지 않은 삶을 위해

"혼자 사세요?"라는 질문을 여전히 많이 듣는다. "네, 독립한 지 벌써 20년 가까이 됐어요"라고 답하면 으레 이런 말이 나온다. "아이고, 그럼 밥은 잘 챙겨드세요?" 그럴 때마다 나는 웃으며 말한다. "네, 혼자 잘 해 먹어요. 장 보는 것도 좋아하고 설거지도 좋아해요." 혼자서는 밥 한 끼조차 못할 거라는 그 전제가 우습기도 하고 씁쓸하기도 하다. 밥은 내가 하는데, 걱정은 늘 남이 더 많이 한다.

다음 단계는 단연 결혼이다. "결혼은 했어요?" "안 외로워요?" "언제 할 거예요?" 나이가 들수록 질문은 더 잦아지고, 더 노골적이 된다. 지금도 아이 낳기에는 늦었으니 서둘러야 한다는 조언 아닌 조언까지 곁들여진다. 피곤하게도, 세상에는 남의 삶을 재단하려는 이들이 너무 많다. 그 말들은 대개 '너를 걱정해서'라는 외피를 입고 있지만, 실은 암묵적으로 강요되는 정상성의 규범을 다시 한번 확인하고 강화하는 과정에 가깝다. '너를 걱정해서'의 결론은 늘 너무 뻔하다. '그렇게 살면 안 된다.' 안 된다는 말은 쉽다. 자기 삶이 아니기에 내뱉을 수 있는 쉬운 말이다.

혼자 사는 사람이 '드문 예외'였던 시절은 이미 오래전에 끝났다. 몇 년 전만 해도 전체 가구의 세 집 중 한 집이 1인가구였고, 지금은 그 비율이 전체 가구의 3분의 1을 훌쩍 넘었다. 서울의 경우 거의 열 집 중 네 집이 1인가구다. 혼자 사는 삶이 '특이한 소수'의 선택이 아니라 이미 우리 사회의 가장 흔한 생활 방식 가운데 하나가 된 것이다. 현실이 이런데도 결혼을 만병통치약처럼 여기는 사회적 분위기는 여전하다.

아빠와 나눈 마지막 대화의 주제도 결혼이었다. 병실에서 주치의가 "따님 혼자 너무 힘드시겠네요"라고 안타까워하자, 아빠는 정신이 오락가락하는 와중에도 이렇게 말했다. "우리 딸, 결혼해야 하는데." 아빠에게 결혼은 어떤 상황에서라도 붙잡아야 하는 정답지였다. '요즘이 어떤 시대인데'라는 생각이 들면서도 이상하게 그 말이 오래 마음에 남았다. 평생 일을 관계의 전부로 여기고, 가족과의 거리를 좁히지 못했던 아빠가 죽음을 앞둔 마지막 순간에도 내 삶의 해법을 결혼에서 찾았다는 게 아이러니했다. 돌봄의 무게는 한낱 결혼 따위로 해소될 수 있는 게 아닌데.

질문을 바꾸지 않는다면, 그 해법은 끝내 구해지지 않을 것이다. 중요한 것은 결혼 여부가 아니라 우리가 어떤 돌봄 속에서 살아갈 수 있는가이다. 그러니 이제 새로운 질문들을 구성해야 한다. 혼자든 함께든 관계의 형태와 무관하게 안전과 존엄이 제도적으로 보장되는가. 아플 때 돌봄 서비스와 의료, 주거와 소득 지원이 끊기지 않고 연결되는가. 삶이 흔들리거나 무너지지 않도록 받쳐주는 구조가 있어 내 삶에 대한 설명을 종용받지 않아도 되는가.

혼자의 삶은 누군가와 함께하는 삶과 본질적으로 다르지 않다. 아플 때 연락해 도움을 받을 수 있는 관계와 네트워크가 있어야 하고, 몸이 불편하거나 기억이 흐려져 병원·관공서·은행 업무를 혼자 처리하기 어려울 때 동행해 주거나 절차를 함께 밟아줄 사람과 제도가 필요하다. 누군가 쓰러지거나 갑자기 세상을 떠나게 되었을 때조차 연락이 끊긴 채 시간이 흘러도 아무도 알아차리지 못하는 일이 없도록 안부 확인과 긴급 연락 체계 같은 절차가 작동해야 한다. 돌봄, 행정, 안전이 누구나 접근할 수 있는 구조로 자리 잡고 있어서 개인의 운이나 주변의 호의에 기댈 필요가 없어야 한다. 그리고 무엇보다, 내가 선택한 삶을 사는 것이 그 자체로 존중받는 환경이 만들어져야 한다.

문제는 그 연결이 아직 제도 안에서 공식화되어 있지 않다는 데 있다. 서로 가족이 되더라도 이를 법적으로나 제도적으로 인정받을 수 있는 경로는 지나치게 협소한데, 가족관계

　　　가족 없는 시대

를 결혼과 입양에 매어두기 때문이다. 바뀐 삶의 형태를 따라오지 못하는 이 공백을 어떻게 메울 것인가. 누가, 어떤 관계를, 어떤 방식으로 공식적으로 인정할 것인가. 결국 핵심은 '특별한 혜택'이 아니라, 가장 가까운 사람이 위기 상황에서 역할을 할 수 있게 하는 최소한의 제도에 있다. 제도가 아직 그 속도를 따라잡지 못하고 있을 뿐, 이런 움직임은 이미 삶의 현장에서 먼저 시작되고 있다.

실제로 이 말은 여기저기에서 현실이 되어가고 있다. 다만 제도가 그 현실을 조금 늦게 따라올 뿐이다. 어떤 사람들은 위급한 순간에도 서로의 곁이 될 수 있도록, 친구와 함께 성인입양이라는 제도를 선택하기도 한다. 결혼이나 혈연이 아닌 관계는 보호해주지 않는 사회에서 기존의 틀을 다른 방식으로 활용해 소중한 관계를 지켜내려는 시도다. 누군가에게는 아직 낯설지도 모르지만, 그야말로 새로운 가족이라 할 수 있다. 또 어떤 이들은 한 지역에서 20년이 넘는 세월을 통과하며 돌봄과 일상을 나누고, 노년을 함께 대비할 공동체 주택까지 구상한다. 그들은 말한다. 독립적인 삶을 지켜내면서도 함께 일상을 지어나갈 관계가 필요하다고. 그리고 그게 꼭 가족일 필요는 없다고. 관계를 둘러싼 이런 실험들은 제도가 어떤 방향으로 나아가야 하는지 한발 앞서 보여준다.

나는 스스로를 늘 정상성의 규범에서 한발 비껴난 존재로 생각해왔다. 하지만 정말 그럴까? 결혼은 줄고, 1인가구는

늘고, 돌봄은 이미 가족관계 바깥에서 이루어지고 있는 시대
에 이 삶은 더 이상 예외적인 것이 아닐지도 모른다. 예외가 일
상이 된 세계에서 무엇을 할 수 있을지 더 많은 고민과 상상력
이 필요한 시점이다. 그 누구도 자기 삶을 변명하지 않을 수 있
도록.

가족 없는 시대

혼자의 삶에서
함께의 조건으로

책을 다 쓰고 나서도 한동안 같은 페이지를 오래 들여다봤다. 문장을 고치는 일이 아니라, 문장들이 데려오는 시간들을 가만히 견디는 일이었다. 글을 쓰는 동안 나는 자주 어린 시절의 나로 돌아갔다. 혼자인 시간이 많았던 아이. 누가 챙겨주지 않아도 스스로 모든 것을 알아서 해야 했던 아이.

그래서 나는 '혼자 살아가는 법'을 부지런히 배웠다. 밥을 해 먹는 법, 아픈 날을 버티는 법, 내 돈과 시간을 관리하는 법, 집을 꾸리고 이사하고 고장 난 물건을 수리하는 법까지. 혼자로 살아가기 위해 많은 생활 기술을 익혔다. 그것이 나를 살게 했다. 그리고 어느 순간부터는 그게 내 성격이라고, 또 내 선택이라고 믿게 됐다.

그런데 책을 쓰는 동안 '혼자'라는 말이 다른 얼굴이 되어 돌아왔다. 혼자 살던 시간만이 아니라, 아빠를 돌보기 위해 그 자리에 있었던 시간까지 함께 떠올랐다. 병원 대기실의 의자, 연락이 닿지 않는 전화, 각종 서류를 떼며 한 번도 보지 못한 가족의 생사를 확인해야 했던 순간들. 이미 지나간 줄 알았던 시간이 다시 내 앞에 와 있었다. 장례를 치르고 추모식을 마친 뒤에도, 처리해야 할 일들은 생각보다 오래 이어졌다. 나는 또다시 '보호자'라는 호칭이 쓰인 칸 앞에서 멈칫했다.

그때 알게 됐다. 내가 혼자였던 건 특별히 강해서가 아니라 누구도 책임을 나눠지지 않는 상황이 너무 많이 반복되어 왔기 때문이라는 것을. 돌봄이든, 장례든, 상속이든 가족을 전제로 짜인 제도와 관행은 가족이 없거나, 있어도 제 역할을 하기 어려운 사람 앞에서 자주 멈추곤 한다. 그리고 그 멈춘 자리에 '그럼 네가 해야지'와 같은 무책임한 말이 남는다.

나는 이 이야기를 내가 얼마나 힘들었는지를 증명하는 방식으로 쓰고 싶지 않았다. 오히려 내가 겪은 일들이 개인의 사정이나 성격, 관계의 실패로만 읽히지 않길 바랐다. 그 많은 일들을 한꺼번에 겪어내면서 '왜 누군가에게는 너무 쉬운 일이, 누군가에게는 이렇게 어려운가'라는 질문을 던질 수밖에 없었고, 그 질문의 끝에는 언제나 제도와 관행이 있었다. 그런 구조적 문제를 건드리지 않은 채 스스로에게 '그래도 잘 살아야지'라는 거짓된 위로를 건네고 싶지 않았다.

책을 쓰는 동안 결코 혼자라고 느껴지지 않는 순간들이

　　　　가족 없는 시대

있었다. 아마 책을 읽는 동안 당신은 내 곁에 있었을 것이다. 문장 사이를 따라오며 당신의 시간을 떠올렸을 것이다. 지금 혼자일 수도 있고, 앞으로 혼자가 될지도 모른다. '나도 그랬다'고, 혹은 '나는 아직 그럴까봐 두렵다'고 조용히 말했을지도 모른다. 그래서 나는 이 책의 마지막에서 당신에게 먼저 말하고 싶다. 당신이 혼자였던 건 당신 탓이 아니라고. 어떤 순간에 멈칫했던 건 당신이 약해서가 아니라, 그 순간이 너무 자주 '혼자'에게 불리하고 불합리했기 때문이라고.

**

그럼에도 우리는 계속 살아가야 한다. 그리고 살아간다는 건, 어느 날 갑자기 닥칠 수 있는 일들을 혼자 떠안지 않기 위해 작고 사소해 보이는 것들을 준비해두는 일과도 닿아 있다. 책의 마지막에 짧지 않은 분량의 부록을 마련해둔 것은 그래서다. 체크리스트와 정책 설명은 당신을 겁주기 위해서도, 당신에게도 이런 일이 일어날 수 있다는 불안감을 미리부터 안기기 위해서도 아니다. 다만, 나는 돌봄이라는 것이 어느 날 갑자기, 전혀 준비되지 않은 상황에서 찾아올 수도 있다는 것을 너무나 잘 알고 있다. 그런 상황에서는 해야 할 일을 차분히 정리하지도 못하고, 누구에게 연락해야 할지도 판단하기 어렵고, 고작 서류 한 장을 찾느라 집 전체를 헤집고 다녀야 한다.

그럴 때 도움이 될 수 있는 최소한의 정보를 공유하고 싶었다.

부록은 총 네 개의 파트로 구성되어 있다. 가장 먼저 '사전 준비 영역'에서는 아직 아무 일도 일어나지 않았을 때, 나의 돌봄과 장례에 대해 한 번쯤 생각해볼 수 있는 거리들을 정리해두었다. 긴급연락망과 돌봄 파트너를 떠올리고 적어보는 것이 시작일 수 있다. 아플 때 누구에게 무엇을 부탁할지를 미리 적어두고, 유언장이나 장례 방식에 대한 생각도 남겨볼 수 있다. 이 준비는 죽음을 앞당기는 일이 아니라, 미래에 대한 불안을 덜 수 있는 최소한의 안전장치다.

두 번째로 '돌봄·의료 영역'에서는 가족 혹은 나와 친밀한 사람에게 갑작스러운 돌봄·의료 상황이 닥쳤을 때 무엇부터 확인해야 하는지를 안내한다. 몸의 변화, 인지저하, 정신건강 위기처럼 예고 없이 오는 일들 앞에서 '공공'과 연결되는 방법을 담아냈다. 주민센터, 치매안심센터, 정신건강복지센터, 긴급돌봄 같은 제도가 어디에서 시작되는지, 어떤 서류와 정보가 먼저 필요한지 한눈에 볼 수 있다.

세 번째로 '장례·추모 영역'에서는 가까운 사람을 떠나보낸 뒤 슬퍼할 겨를도 없이 밀어닥치는 결정들 앞에서 길을 잃지 않기 위해 참고해둘 만한 정보를 담아냈다. 반드시 해야 하는 것보다는 선택할 수 있는 것, 하지 않아도 되는 것에 좀 더 중점을 두었고, 조용한 이별, 최소한의 장례, 장례 없는 작별도 존중받아야 한다는 생각으로 정리했다.

 가족 없는 시대

마지막으로 '상속·법률 영역'에서는 장례가 끝난 뒤 곧바로 시작되는 절차와 그 기한에 대한 정보를 확인할 수 있다. 안심상속 원스톱 서비스부터 상속포기·한정승인, 가정법원 서류, 전자소송 대응까지, 혼자라도 헤매지 않을 수 있도록 순서와 선택지를 정리해두었다. 상속을 받을 수도, 포기할 수도 있다. 어느 쪽이든 중요한 건 책임의 범위를 명확히 아는 것이다.

＊＊

도움을 청할 사람이 없다고 느껴지는 순간에도, 생각보다 많은 일을 '공공'에서 시작할 수 있다. 주민센터는 단순히 서류를 떼는 곳이 아니라 돌봄과 의료와 복지의 시작점이기도 하다. 상담 전화 한 통이, '제가 지금 무엇부터 해야 하죠?'라는 질문이 어떤 날에는 삶을 다시 움직이게 만든다. 혹은 지인에게 부탁하는 것도 좋은 방법이다. '미안한데'라는 말 한마디면 충분하다. 부탁은 나의 약함을 드러내는 행동이 아니라 삶의 기술이다. 무엇이든 혼자 해낼 수 있는 사람이 더 훌륭하다는 환상부터 깨야 한다.

나는 오랫동안 혼자 살아왔지만, 다른 한편으로는 혼자로만 살지 않기 위해서도 궁리해왔다. 가까우면서도 느슨하게 사람들과 연결되고, 소속감을 느낄 수 있는 공동체에 들어가고, 내 삶의 일부를 누군가와 나누는 일. 그건 단지 외로움을 달래기 위한 선택이라기보다 삶을 계속 이어가기 위한 방식이었다. 혼자서도 살아낼 수 있는 힘과 혼자로만 살지 않기 위한 연결은 사실 반대되는 것이 아니었다.

그렇기에 이제는 '혼자여도 괜찮다'는 말을 쉽게 건네고 싶지 않다. 누군가는 혼자여도 괜찮지만, 다른 누군가는 혼자일 때 더 위험해진다. 그리고 많은 사람들은 어느 순간 원치 않아도 혼자가 된다. 그때 가족이 있냐 없냐가 아니라, 지금 이 사람에게 어떤 도움이 필요한지 묻는 사회. 보호자라는 호명에 삶을 욱여넣는 대신, 돌봄이 이어질 수 있는 길을 여러 갈래로 열어두는 사회. 그런 사회를 꿈꾸면서 내가 확인한 절차와 제도를 현실적인 언어로 정리해보고자 했다.

이제 가족 없는 시대를 함께 살아가자. 그리고 그 시대의 다음 장면을 함께 만들어가자.

부록

혼자 감당하지 않기 위해 필요한 정보

PART 1. 사전 준비 영역

사전 준비 영역에서는 돌봄과 죽음에 대해 차분히 생각해볼 수 있는 거리들을 마련했습니다. 긴급연락망, 유언장, 연명의료 의향, 삶의 기록은 병과 죽음에 대한 두려움을 덜어냄으로써 언젠가 닥칠 수 있는 불가피한 순간을 준비하는 과정입니다.

STEP 1 긴급한 상황이 닥쳤을 때 확인해야 할 기본 사항
STEP 2 유언장 작성하기
STEP 3 나의 장례식 기획하기
STEP 4 응급 상황 대비 사전 준비 체크리스트

 긴급한 상황이 닥쳤을 때 확인해야 할 기본 사항

1. 사고 등 응급상황 시 가장 먼저 연락할 사람

① ____
② ____
③ ____

2. 돌봄이 필요할 때, 누구에게 무엇을 부탁할까?

☐ 안부 묻기 _______________________________________
☐ 택배·우편 확인 ___________________________________
☐ 집 안 정리 및 청소 ________________________________
☐ 장 보기 및 식사 __________________________________
☐ 위생 관리(세면, 목욕 등) 지원 _____________________
☐ 용변 보조 _______________________________________
☐ 반려동물·반려식물 돌봄 ___________________________
☐ 병원 동행 _______________________________________
☐ 행정 및 금융 업무 대행 ___________________________
☐ 디지털 유산 정리 _________________________________

3. 삶의 기록 남기기

(1) 죽기 전에 하고 싶은 일 열 가지

● ____
● ____
● ____
● ____
● ____

- ____
- ____
- ____
- ____
- ____

(2) 기억하고 싶은 사람 다섯 명에게 보내는 한마디
- ____________에게, ________________________________
- ____________에게, ________________________________
- ____________에게, ________________________________
- ____________에게, ________________________________
- ____________에게, ________________________________

(3) 기억에 남는 삶의 장면 세 가지
-
-
-

(4) 떠난 뒤에 나는 이런 사람으로 기억되고 싶다(한 문장)
"____"

 유언장 작성하기

유언장이란 본인이 사망한 이후 남겨진 재산이나 법적 권리를 어떻게 처리할지에 대한 의사를 기록한 문서입니다. 유언은 '사망과 동시에 발효'되며 상속 갈등이나 불필요한 상속 연쇄를 막는 가장 강력한 수단입니다.

1. 유언장의 종류

유형	작성 방식	요건	특징
자필증서 유언	전문, 연월일, 주소, 성명 모두 자필 + 날인	전자기기 작성 불가	가장 일반적, 검인 필요
녹음 유언	녹음 파일로 진술	성명·날짜·증인 진술 포함	디지털 증거로 활용 가능
공정증서 유언	공증인 앞에서 구술 → 공증 작성	2인 증인 필요	법적 효력 가장 확실
비밀증서 유언	봉인된 문서 + 증인 확인	작성자·증인 서명 필요	개인 비밀 유지 가능
구수증서 유언	응급상황 구두 진술	2인 증인, 기록 검인	사망 전 급박한 상황만 인정

① 자필증서 유언

유언자가 유언장 전문을 직접 손글씨로 작성하고, 연월일·주소·성명을 쓰고 날인하는 방식입니다.
- 가장 간단하고 접근하기 쉬운 유언 방식
- 비용이 들지 않음
- 다만 형식 요건을 조금이라도 어기면 무효가 될 수 있음

→ 처음 유언을 시도해보는 경우에 선택할 수 있으나, 작성 후 한 번 더 점검하는 것이 중요합니다.

② 녹음 유언

유언자가 자신의 말로 유언의 취지·성명·연월일을 말하고, 그
자리에 함께 참여한 1명 이상의 증인이 자신의 성명을 밝히며
유언의 정확성을 보증하는 방식입니다.

- 글쓰기가 어려운 경우 선택 가능
- 음성으로 남길 수 있음
- 증인 요건과 녹음 내용이 명확해야 효력이 인정됨

→ 실제로 활용되는 경우는 많지 않으며, 형식 요건을 놓치기 쉬운
  방식입니다.

③ 공정증서 유언

유언자가 증인 2명과 함께 공증인의 면전에서 유언의 취지를
말하고, 공증인이 이를 문서로 작성·낭독한 뒤 유언자와 증인이
확인하고 서명 또는 날인하는 방식입니다.

- 공증사무실에서 공증인의 확인 아래 작성
- 가장 법적 안정성이 높고 분쟁 위험이 낮음
- 비용이 발생하지만, 절차가 명확함

→ 사전 준비 단계에서 가장 권장되는 방식입니다.

④ 비밀증서 유언

유언자가 작성한 유언서를 봉투에 넣어 밀봉·날인한 뒤 증인 2명
이상 앞에서 유언서임을 확인하고 제출 연월일을 적어 서명 또는
날인하는 방식입니다.

- 유언 내용을 타인에게 공개하지 않고 보관 가능
- 절차가 복잡하고 실무에서는 드물게 사용됨

→ 형식 요건이 까다로워 사전 확인이 필요합니다.

⑤ 구수증서 유언(긴급 유언)

질병이나 사고 등으로 다른 방식의 유언을 할 수 없을 만큼
급박한 상황에서 활용됩니다. 유언자가 증인 2명 이상이 있는
자리에서 그중 1명에게 유언의 취지를 말하고, 이를 들은 사람이
기록·낭독한 뒤 유언자와 증인이 정확함을 확인하고 서명 또는

     가족 없는 시대

날인하는 방식입니다.
- 극히 예외적인 상황에서만 인정되는 유언
- 사후에 법원의 확인 절차가 필요함

2. 유언장 작성법

구분	세부 내용
인적 사항	이름, 생년월일, 주소
유언 선언	"이것은 나의 유언이다"
유산(재산) 목록	• 예금(은행명, 계좌번호) • 부동산(소재지 · 지번 · 등기 상세 정보) • 자동차(차량번호, 차종) • 보험(계약자, 증권번호, 수익자) • 주식(종목, 수량) • 현금, 귀금속, 가재도구 등 • 채무(대출 · 보증 포함)
분배 내용	누구에게 무엇을 어떤 비율로
유언 집행자	이름, 연락처, 역할
의사능력 확인 (유언 무효 사유 방지 문구)	"분명한 의사로 작성함"
작성 일자	연월일
서명 · 날인	자필 + 도장/서명
장례 방식에 대한 의사	• 전통장례/내가 선택한 장례(무빈소, 일일장 등) • 화장/매장 • 장지 선택(봉안, 수목장, 잔디장, 해양장, 유택동산 등)
디지털 유산 처리 지침	• SNS 삭제/보존 여부 • 사진첩 · 문서(파일) 관리 • 이메일 · 클라우드 접근 안내
반려동물/식물에 대한 보호 지침	• 맡기고 싶은 사람 • 사후 비용 지원 여부
감사의 말, 삶에 대한 메시지	—

자필증서에 의한 유언

"자필증서에 의한 유언"이란 유언자가 직접 자필로 유언장을 작성하는 것을 말합니다. 자필증서에 의한 유언은 유언자가 그 전문과 연월일, 주소, 성명을 직접 쓰고自書 날인捺印해야 합니다(〈민법〉 제1066조 제1항).

• 유언장 날인

유언자의 날인이 없는 유언장은 자필증서에 의한 유언으로서의 효력이 없으므로, 자필증서의 방식으로 유언을 할 때에는 반드시 유언장에 날인해야 한다는 점을 유의해야 합니다(대법원 2007. 10. 25. 선고 2006다 12848 판결 참조).

• 유언장 내용 변경

이미 작성한 유언장에 문자의 삽입, 삭제 또는 변경을 할 때에는 유언자가 이를 직접 쓰고 날인해야 합니다(〈민법〉 제1066조 제2항).

• 주소 변경 시 유언장 재작성 권장

주소가 바뀌면 기존 유언장을 폐기하고, 새 주소를 포함한 전체 유언장을 다시 작성하는 것이 가장 확실합니다.
새로 작성 시, 날짜, 주소, 서명 모두 다시 기재한 뒤, 이전 유언장은 '폐기' 표시 후 보관 또는 파기

※ 찾기쉬운 생활법령정보(easylaw.go.kr)
'자필증서 유언' 페이지에서 자세한 내용을 확인할 수 있습니다.

3. 유언장 작성 연습하기(자필증서 유언)

- 장례 담당자 지정
  - ☐ 상주(가족)
  - ☐ 장례주관자(가족아님)
- 장례 방식
  - ☐ 전통장례 삼일장
  - ☐ 내가 선택한 장례 (일일장, 무빈소 장례, 작은 장례 등)
- 장례 분위기(조용함/따뜻함/시끌벅적함 등)
- 예산 범위
- 음식
- 음악
- 유품 전시
- 사진·영상 상영
- 추모식 프로그램
- 내가 원하지 않는 장례 요소
- 참석을 허용하지 않는 사람

STEP 4 응급 상황 대비 사전 준비 체크리스트

1. 기본 정보 정리

디지털·비상서류·연락망 등 '나에 대한 기본 정보'를 정리하는
단계

① 디지털 정보 정리
- □ 휴대폰 잠금 비밀번호 기록
- □ 주요 계정(ID·PW) 리스트 작성
- □ SNS·이메일·클라우드 삭제/보존 의사 표시
- □ 사진·문서 정리('삶의 이야기 폴더' 만들기)
- □ 사후 계정관리자 지정(Apple, Google 등)

② 비상 서류 폴더 만들기
- □ 가족관계증명서, 주민등록등본
- □ 보험 계약서·은행 문서
- □ 병원 진료·검사 기록
- □ 유언장 사본
- □ 장례·재정 관련 문서
- □ 폴더의 보관 장소를 1명 이상에게 공유

③ 긴급연락망 정리
- □ 비상 시 연락할 사람 1~3명 선택
- □ 연락자별 역할 지정
  ex) 병원 동행, 반려동물 돌봄, 행정 업무 대리 등

2. 의료·연명의료 선택

내가 위중하거나 의사결정이 어려울 때를 대비하는 단계

① 사전연명의료의향서 초안 작성

□ 심폐소생술 여부
□ 인공호흡기·혈액투석 여부
□ 호스피스·완화의료 이용 의향
□ 연명의료 결정 시 연락받을 사람 지정

② 나의 건강·의료정보 정리
□ 복용 중인 약 리스트
□ 주요 병력·진단명 정리
□ 의료기관·주치의 정보 작성
□ 가족력 확인(부모·형제자매 병력)

3. 유언·재정·장례 선택
내가 떠난 뒤 남겨질 절차를 정리하는 단계

① 유언장 작성
□ 유언장 종류 선택
□ 재산·채무 목록 정리
□ 상속 의사(누구에게 어떻게 남길지)
□ 유언 집행자 지정
□ 보관 장소 공유

② 재정 위험 점검
□ 부채·보증·자동이체 확인
□ 보험·연금·계좌 목록 정리
□ 상속 리스크(부채 여부) 파악

③ 장례 방식 사전 선택
□ 장례 방식(전통장례/내가 선택한 장례-무빈소 장례, 일일장 등)
□ 화장/매장/봉안/자연장(수목장, 잔디장, 화초장, 해양장,
  유택동산 등) 선택
□ 예산 범위 설정

□ 수의 선택
  - 기본형/고급형/친환경(면, 삼베 등)/종교용(해당 시)
  - '수의 생략'(평상복) 의사(가능 여부는
    장례식장·종교·가족 합의에 따름)
□ 관 종류 선택
  - 일반/고급/친환경/화장용(규격 확인)
□ 유골함(봉안함) 선택
  - 기본형/고급형/친환경형
  - 용도 선택: 봉안당용/수목장·잔디장용/해양장용
  - 봉안시설 규격(가로×세로×높이)에 맞는지 확인 필요
□ 부고문자 발송 범위 선택(관계, 역할, 거리)
  - 단체방·SNS 공지 여부 선택
  - 부고를 보내지 않을 사람 또는 그룹 명시
  - 조문·부의금·근조화환 사양 여부 결정(문구 포함)
□ 장례 대행(상조) 또는 장례주관자(가족 아님) 지정
□ 추모식 구성(음악, 영상, 발언자, 종교 의식)

4. 유품(소중한 물건·물품)에 대한 기준 정리

□ 마지막까지 곁에 두고 싶은 물건 세 가지
□ 특정 사람에게 전하고 싶은 물건
□ 굳이 남기지 않아도 괜찮은 물건
□ 설명이 필요한 물건과 설명이 필요 없는 물건
□ 사진·기록으로만 남겨도 되는 물건

5. 영정사진 준비

□ 촬영 또는 기존 사진 선택
□ 고해상도 파일 확보
□ 접근 가능한 폴더에 저장

PART 2. 돌봄·의료 영역

돌봄과 의료 상황은 대부분 예고 없이 갑작스럽게 찾아옵니다. 몸의
변화, 마음의 위기, 일상의 균열은 한순간에 우리를 다른 삶으로
데려갑니다.
돌봄·의료 영역에서는 가족 혹은 도움을 요청할 사람이 부재할 때
무엇부터 확인해야 하는지, 어떤 제도와 연결될 수 있는지를 한눈에
볼 수 있도록 정리했습니다.

- **STEP 1** 돌봄 대응 체크리스트
- **STEP 2** 돌봄·의료 제도 이해하기
- **STEP 3** 정신건강·중독 관련 공공 제도
- **STEP 4** 행정 절차를 위한 기본 신분 확인
- **STEP 5** 성년후견 및 공공후견 제도
- **STEP 6** 공공돌봄 서비스 제도
- **STEP 7** 노인장기요양보험 제도
- **STEP 8** 정신병원 입원 제도

1. 돌봄 이상 신호 감지, 초기 상태 파악

☐ 기존 만성질환 여부 확인

   (당뇨, 고혈압, 심장질환, 뇌혈관질환, 호흡기질환, 암 등)

☐ 최근 진단명·검사 결과 확인

☐ 복용 중인 약·처방전 모으기(약 봉투 포함)

☐ 약물 알레르기·부작용 이력 확인

☐ 가족력 확인(부모·형제자매 병력)

☐ 갑작스러운 상태 변화 체크

   (식사 및 수분 섭취 감소, 낙상, 혼란, 기억력 저하, 수면 변화,

   성격 변화 등)

☐ 혼자 일상생활 가능 여부(식사, 배변, 보행, 복약, 금전)

☐ 응급 위험 신호 여부 판단

   (의식 저하, 호흡곤란, 가슴 통증, 편마비, 연속 낙상 등)

2. 인지기능·정신건강 점검

치매·인지저하·정신적 위기 의심 시

☐ 치매안심센터 선별검사 예약

☐ 전문의 진단 필요 여부 확인(신경과, 정신건강의학과 등)

☐ 치매안심병원 진료 가능 여부 확인(필요 시 예약)

☐ 정신건강복지센터 상담 필요 여부 판단

☐ 자·타해 위험 여부 점검(자살 위험, 폭력 위험, 망상, 환청 등)

☐ 위기 시 상담전화·응급 대응 연결 준비(야간·공휴일 포함)

3. 기본 서류·정보 준비

CHECK ✓

　　　　이 항목의 행정서류와 정보는 돌봄을 받는 사람(돌봄대상자) 본인 기준으로 준비하는 것을 원칙으로 합니다. 보호자 및 돌봄 담당자의 서류가 아니라, 당사자의 신분·의료·행정 정보를 기준으로 정리해야 이후 절차가 원활합니다.

또한 대부분의 의료·행정·공공서비스는 돌봄대상자 본인의 신분증과 휴대전화(본인 인증)가 있어야 진행할 수 있습니다. 서류만으로는 처리되지 않는 경우가 많으므로, 신분증·휴대전화 접근 가능 여부를 반드시 먼저 확인하세요.

☐ 가족관계증명서(상세) 발급

☐ 주민등록등본 발급

☐ 신분증(주민등록증/운전면허증) 준비

☐ 건강보험증 또는 모바일 자격확인QR 준비

☐ 의료정보 한 장 정리

　　- 주치의, 이용 병원

　　- 진단명, 수술력, 입원력

　　- 복용약, 알레르기

☐ 주요 연락처 정리

　　- 보호자 및 돌봄 파트너 1~3명

　　- 병원 및 주치의

　　- 주민센터

☐ 사전연명의료의향서 작성 여부 확인

　　- 연명의료 시행/중단에 대한 본인 의사

☐ 사전연명의료의향서 등록 여부 확인

　　- 국립연명의료관리기관 등록 여부

☐ 본인 단독으로 의료·행정 의사결정이 어려워질 가능성 점검

☐ 응급상황 시 동의·서명 대리 필요 가능성 점검

☐ 후견인·공공후견 제도 연계 필요 여부 확인(주민센터,
　　복지기관, 가정법원)

4. '보험·경제자원' 사전 파악

☐ 실손보험 가입 여부 확인만 하기
☐ 간병보험(또는 간병 특약) 가입 여부 확인만 하기
☐ 장기입원 보장/면책 여부 대략 확인
☐ 보험증권·앱·콜센터 접근 방법 확보

5. 지역 행정 및 공공 돌봄지원 연결
가족이 없거나 돌봄 공백이 예상되면 먼저 '공공'부터

☐ 돌봄대상자 현 거주지 관할 주민센터 연락
☐ 돌봄 서비스 신청 가능 여부 확인
　- 제공 내용·대상·이용 기간은 지역별로 다를 수 있음
　- 반드시 '현 거주지 주민센터' 기준으로 확인

① 국가사업
☐ 긴급돌봄 지원 사업(재가돌봄, 가사지원, 이동지원, 방문목욕 등)
☐ 일상돌봄 서비스 사업(재가돌봄, 가사지원, 일상지원 등)
☐ 지역사회 돌봄통합 서비스(방문간호, 방문재활, 집수리, 주거환경
　개선 등)

② 지자체사업
☐ 돌봄SOS(서울시)
　- 단기돌봄, 병원동행, 식사지원, 주거편의 등
　- 대상이 아닐 경우, 유료 돌봄 서비스 기관 조사
☐ 정신건강복지센터 연계 필요 여부 확인
☐ 고위험군 사례관리 신청 가능 여부 확인

6. 돌봄 방식 결정

재가/시설/입원 중 무엇이 현실적인지 결정

☐ 재가 돌봄 가능 여부 판단
- 보호자 부재 시간, 이동 거리, 업무·생활 유지 가능성

☐ 시설 돌봄 검토(데이케어센터/요양원/단기보호)

☐ 외래 치료로 가능한지, 입원이 필요인지 판단

☐ 돌봄 공백이 생기는 구간(야간, 주말, 식사, 복약) 체크

☐ '혼자 감당하지 않기 위한' 도움 요청 대상 정리

☐ 말기 질환 또는 회복 가능성이 매우 낮은 상태 여부 확인

☐ 치료 목표가 '회복'인지, '고통 완화'인지 재확인

☐ 병원 연명치료 대신 자택 돌봄을 선택할 의사 확인
- 돌봄대상자 본인의 의사
- 본인 의사 확인이 어려운 경우 사전연명의료의향서·평소 의사
  참고

☐ 재택의료(방문진료, 방문간호) 연계 가능 여부 확인

☐ 응급상황 시 병원 이송 기준 사전 합의
- 의료진(주치의, 방문진료의)과 기준 공유
- 보호자 및 돌봄 담당자 간 판단 기준 통일

7. 장기요양등급 신청 및 기관 탐색

지속적 돌봄이 필요해질 때 핵심 분기점

☐ 장기요양등급 신청(국민건강보험공단, 노인장기요양보험)

☐ 방문조사 일정 확인

☐ 의사소견서 준비(필요 시 병원 발급)

☐ 등급 판정 결과 확인

☐ 서비스 유형 선택
- 방문요양/방문간호/방문목욕
- 주·야간보호(데이케어센터)
- 요양원(시설)

     가족 없는 시대

□ 장기요양기관 후보 리스트 만들기(거리, 비용, 평판, 대기)
□ 계약 전 확인(본인 부담금, 추가 비용, 면회 및 외출 규정)

8. 병원 입원 준비 및 필요 물품

□ 병원/진료과 결정 및 입원 가능 여부 확인
□ 입원 동의·보호자 연락체계 확인(대리 서명 필요 여부 포함)
□ 기본 서류/의료정보 재점검('3. 기본 서류·정보 준비' 체크)
□ 입원 시 필요 물품 구비

CHECK ✔

입원 시 필요 물품

• 위생·의류
□ 수건 2~3장 □ 휴지 □ 물티슈 □ 칫솔·치약
□ 샴푸·바디워시 □ 로션·보습제 □ 슬리퍼 □ 속옷 3~5벌
□ 내복(겨울철) □ 양말 □ 면도기(남성) □ 빗·헤어드라이어

• 식사·섭취·생활편의
□ 개인용 물컵(가볍고 뚜껑과 빨대가 있는) □ 스푼·포크
□ 턱받이 □ 필기구(볼펜·수첩)
□ 충전기

• 의료진 필요 정보
□ 처방전 □ 복용약 □ 진단서·소견서 □ 건강보험증
□ 만성질환 및 약물 알러지 정보

9. 입원 중 돌봄·간병·의료비 관리

□ 치료 경과 및 계획 설명 듣기(담당의, 간호사)
□ 인지·행동 변화 관찰 기록(야간 섬망 등)

☐ 간병인 필요 여부 판단
  - 병원 연계 간병인 이용 가능 여부 확인
  - 병원 시스템(병동 동선, 호출, 기록, 감염관리)에 익숙한
    인력이 업무 적응이 빠르고 의료진과의 소통이 수월함
☐ 간병보험(특약) 사용 여부 결정(보장 조건 확인)
  - 보험사 연계 외부 간병업체 이용 시 병원 출입·규정·경험 여부
    확인
☐ 병원비 누적 확인(중간정산 가능 여부 포함)
☐ 비급여 항목 확인(검사, 시술, 약제)
☐ 향후 예상 의료비 범위 문의
☐ 영수증·진료비 세부내역 보관(보험사 제출용, 증빙용)
☐ 실손보험 청구 여부 결정

10. 퇴원·전원 결정

☐ 퇴원 가능 여부 확인
☐ 퇴원 후 거주지 결정(자택/시설/전원)
☐ 퇴원 후 돌봄 공백 체크(야간, 식사, 복약, 이동)
☐ 재입원 위험요인 확인 및 대처 계획
☐ 처방약·외래 예약·재활 계획 수령

11. 퇴원 후 재활·장기 돌봄 전환

☐ 돌봄 부담을 나누는 구조 만들기(돌봄 파트너 재설정)
☐ 주거환경 개선 필요 여부(손잡이, 미끄럼 방지, 문턱 등)
☐ 방문간호·방문재활 연계 여부
☐ 돌봄 서비스 연결 가능 여부
☐ 장기요양 서비스로 전환(또는 확대)
☐ 고립·위험군 모니터링 및 안부 확인 연계 여부

STEP 2 돌봄·의료 제도 이해하기

무엇부터 해야 할지 모를 때 펼쳐볼 수 있는 일종의 '제도
지도'입니다. 돌봄 대응 체크리스트에 등장하는 제도와 절차를
한눈에 이해할 수 있도록 정리했습니다.

1. 의료 이용·투약 이력 확인 제도

① 국민건강보험공단(nhis.or.kr)
건강모아〉 나의 건강관리〉 나의 의료 이용 정보

② 건강보험심사평가원(hira.or.kr)
조회·신청〉 내가 먹는 약! 한눈에 (투약 이력 조회)

③ 확인 가능한 정보: 병원 이용 내역, 진료·검사 기록,
처방약·투약 이력
- 병원 이용 내역
- 진료·검사 기록
- 처방약·투약 이력

2. 인지기능·치매 관련 공공 제도

① 중앙치매센터(nid.or.kr)
국가 치매 관리 체계의 핵심으로, 치매 조기 검진, 예방 교육,
환자 및 가족 지원, 맞춤형 사례 관리 등 다양한 서비스를
제공합니다.
- 치매 자가진단, 예방 정보, 상담
- 치매안심센터 및 시설 정보
- 실종 노인 찾기
- 치매 관련 통계 및 정책 자료 등

② 치매안심센터

지역 보건소 단위로 설치되어 치매 예방부터 조기 검진, 환자 및 가족 지원까지 치매 통합 관리 서비스를 제공합니다.

• 치매 조기 검진 서비스 절차

- 신청 방법: 신분증을 지참하고 거주 지역 치매안심센터 방문
- 문의: 각 지자체 보건소 치매안심센터 또는 치매상담콜센터
  (☎ 1899-9988)

• 1단계: 선별검사(치매안심센터)

- 대상: 만 60세 이상 누구나(치매 진단받지 않은 주민)
- 내용: 15분 내외 1:1 문답 형식의 인지선별검사(CIST 등)
- 비용: 무료
- 결과: 즉시 확인, 인지저하 시 2단계로 연계

• 2단계: 진단검사(치매안심센터 또는 협약병원)

- 대상: 1단계에서 인지저하 의심자
- 내용: 전문의 진료 및 신경인지검사(SNSB-Ⅱ, CERAD-K 등)
  비용 지원 지자체별 상이

• 3단계: 감별검사(협약병원)

- 대상: 2단계 검사 후 치매 확진을 위한 감별이 필요한 경우
- 내용: 혈액검사·소변검사·뇌영상 촬영(CT 등), 비용 지원
  지자체별 상이, 소득 기준 적용 가능

③ 치매상담콜센터

☎ 1899-9988('18세 기억을 99세까지, 99세까지 88하게')

- 이용시간: 연중무휴 오전 7시~오후 10시 상담
- 돌봄상담: 치매환자 일상생활 케어 기술, 정신행동 증상별 대처
  상담, 치매환자 가족의 돌봄 부담 및 스트레스 관리, 정서적 상담
  등
- 정보상담: 치매 원인질병, 치매 증상, 치매 검사, 치매 치료, 치매
  예방법, 맞춤형 치매 관리 서비스, 국가치매관리정책제도 등

    가족 없는 시대

 정신건강·중독 관련 공공 제도

1. 보건복지부 국립정신건강센터 국가정신건강정보포털(mentalhealth.go.kr)

국민의 수요에 기반하여 전문가에 의해 검증된 양질의 정신건강 정보를 통합적이고 체계적으로 제공합니다.

- 정신건강 상담 및 교육
- 지역별 정신건강복지센터 정보
- 정신건강 질환 및 약 정보
- 정신건강 관련 통계 및 정책 자료 등

2. 정신건강복지센터

지역주민의 정신건강 증진을 위해 정신질환 예방, 조기 발견, 치료 연계, 재활 및 회복 지원 서비스를 제공합니다. 거주하는 지역의 정신건강복지센터에 전화 상담 또는 예약 후 방문상담을 받을 수 있습니다.

- 상담 및 사례관리
- 재활 및 사회복귀 지원
- 위기 개입 및 자살 예방

3. 정신건강 위기상담전화

☎ 1577-0199
- 이용시간: 연중무휴 24시간, 365일 운영
- 상담내용: 정신적 어려움이나 자살 위기 시 전문가 상담 및 정신건강복지센터, 의료기관 연계 등

4. 긴급 상황 대응 제도

(1) 응급입원

정신질환자로 추정되는 사람이 자신이나 타인을 해칠 위험이
매우 크고 다른 입원 절차를 밟을 시간적 여유가 없을 때, 의사와
경찰관의 동의를 받아 최대 3일간 정신의료기관에 입원시키는
제도입니다.

① 대상: 자신 또는 타인에게 해를 끼칠 위험이 큰 정신질환자로
추정되는 사람

② 요건: 위험성(자·타해), 긴급성(다른 입원 불가), 정신질환
추정 여부 세 가지 요건을 충족해야 함

③ 절차
- 정신질환 추정자 발견 및 응급입원 의뢰
- 의사 및 경찰관의 동의 획득
- 경찰관 또는 구급대원 이송
- 정신의료기관에서 최대 3일간 응급입원 및 전문의 진단
- 후속 조치: 3일 이내에 전문의 진단 결과에 따라 지속
입원(유형 전환) 또는 퇴원 결정

　　가족 없는 시대

 행정 절차를 위한 기본 신분 확인

1. 주민등록증 재발급

돌봄대상자가 거동이 어려운 경우, 이를 확인할 수 있는 서류를
첨부하여 주민등록증 재발급을 신청할 수 있습니다. 주민센터에서
제출 서류를 종합적으로 검토한 뒤 필요하다고 판단하면, 담당
공무원이 돌봄대상자의 거주지로 방문하여 본인 확인 절차를
진행하고 재발급 신청을 지원할 수 있습니다.

2. 가족관계 단절·미부양 사유서(가족관계 해체 사유서)

복지서비스 신청 시 서류상 가족(부양의무자)이 존재하지만
실제로는 부양을 받지 못하는 경우, 그 사정을 설명하기 위해
제출하는 문서입니다.

- 가족이 있으나 연락 두절, 별거, 유기, 학대, 방임 상태인 경우
- 부양의무자가 질병, 실직, 중독, 해외 거주 등으로 부양이
  불가능한 경우
- 가족관계 때문에 지원이 지연되거나 조사 단계에서 막힐
  때 지자체 사례에 따라 반영 방식은 다를 수 있으며, 담당
  공무원과의 상담이 중요합니다.

 성년후견 및 공공후견 제도

1. 성년후견 제도

장애, 질병, 노령 등으로 의사결정이나 사무처리가 어려운
성인을 위해 가정법원의 결정(또는 사전 계약)에 따라 후견인이
재산관리·일상생활(신상 보호)을 지원하는 제도입니다.

- 성년후견의 종류
- 성년후견: 사무처리 능력이 지속적으로 크게 부족한 경우
- 한정후견: 사무처리 능력이 부분적으로 부족한 경우
- 특정후견: 일시적이거나 특정한 일에만 도움이 필요한 경우
- 임의후견: 아직 판단 능력이 있을 때 미리 후견계약을 맺어
  대비하는 제도

> **CHECK** ✓
>
> 찾기쉬운 생활법령정보(easylaw.go.kr) '성년후견의 의의
> 및 종류' 페이지에서 자세한 내용을 확인할 수 있습니다.

2. 치매공공후견 사업

치매로 인해 의사결정 지원이 필요하지만 가족이 없거나 선임이
어려운 경우, 지자체가 후견 이용을 돕는 지원 사업입니다.
후견심판청구 절차, 후견인 연계, 신청 과정 및 비용 등을
지원합니다.

① 대상: 치매환자 중
   - 저소득층(기초생활수급, 차상위 등) 또는 기초연금 수급자
     가족이 없거나 권리 대변이 어려운 경우

　　　　가족 없는 시대

- 후견 지원이 필요하다고 지자체장이 인정한 경우 포함

② 지원 내용
- 후견심판청구 절차 및 비용 지원
- 치매공공후견인 활동비 지원

③ 신청 방법 및 문의
- 방문: 신분증 지참 후 거주지 치매안심센터 방문
- 문의: 관할 치매안심센터 및 치매상담콜센터(☎ 1899-
9988)

 공공돌봄 서비스 제도

1. 긴급돌봄 지원 사업(국가사업)

주돌봄자의 사고, 입원, 사망 등으로 갑자기 돌봄 공백이 발생했을
때, 당장 일상생활이 어려운데 장기요양시설 이용 전 공백이
발생했을 때 단기간의 재가돌봄 서비스를 제공하는 국가 긴급 돌봄
제도입니다.

① 대상
- 돌봄이 필요한 당사자
- (본인 신청이 어려우면) 친족, 법정대리인, 후견인,
  이해관계인, 담당 공무원 직권 신청 가능

② 제공 서비스
- 재가돌봄, 가사 지원, 이동·병원 동행 등 내용과 기간은 지역별
  상이

③ 신청 방법
- 주소지 읍·면·동 행정복지센터 방문
- 또는 복지로(bokjiro.go.kr)에서 신청

④ 문의
- 보건복지상담센터: ☎ 129
- 사회서비스원 긴급돌봄: ☎ 1522-0365
- 지역별 운영 여부가 다르므로 사전 문의 필수

2. 일상돌봄 서비스 사업

질병, 부상, 고립 등으로 일상생활에 지속적인 도움이 필요한
청·중장년과 가족돌봄청년을 대상으로, 돌봄·가사·심리지원을
통합 제공하는 제도입니다.

① 대상
  - 돌봄이 필요한 청·중장년(19~64세)
  - 가족을 돌보거나 생계를 책임지는 가족돌봄청년(9~39세)
    연령 기준은 지자체별로 달라질 수 있음

② 제공 서비스
  - 기본서비스: 재가돌봄, 가사지원, 외출·이동 동행
  - 특화서비스: 심리지원, 회복·교류 프로그램 등 특화서비스
    종류는 지역별 상이

③ 신청 방법
  - 주소지 행정복지센터 방문 상담 후 신청

④ 유의사항
  - 모든 지역에서 동일하게 제공되지 않음
  - 신청 시 제공 서비스 종류 반드시 확인

3. 의료·요양·돌봄 통합지원(지역사회 돌봄통합 서비스)

병원이나 시설에만 의존하지 않고, 살던 곳에서 계속 지낼 수
있도록 의료·요양·돌봄 서비스를 지역에서 한 번에 연계하는
제도입니다.

① 대상
  - 노인·장애인·만성질환자 중심

② 주요 내용
  - 방문진료, 방문간호
  - 방문재활
  - 주거환경 개선
  - 돌봄·의료·복지 연계 사례관리

③ 신청·문의
- 주소지 읍·면·동 행정복지센터 방문
- 국민건강보험공단 (☎1577-1000), 보건복지상담센터 (☎ 129)

4. 돌봄SOS 사업(서울시)

서울시에서 운영하는 긴급·일시적 돌봄 전용 제도로, 갑작스러운 위기 상황에 빠르게 돌봄을 연결하는 것이 목적입니다.

① 대상
- 긴급·일시적 돌봄이 필요한 서울시민

② 제공 서비스
- 5대 돌봄서비스(일시재가, 단기시설, 병원동행, 주거편의, 식사배달)
- 중장기 돌봄 연계(안부확인, 건강지원, 사례관리, 긴급지원 등)

③ 이용 절차:신청 접수 → 시급성 판단
□ 현장 방문(시급 시 72시간 이내)
□ 돌봄계획 수립
□ 서비스 제공
□ 모니터링 및 연계
□ 종결 및 정산

④ 비용
- 중위소득 100% 이하: 전액 지원
- 그 외: 전액 본인 부담, 다른 공적 돌봄 이용자는 비용 지원 제한 가능

⑤ 신청·문의
- 동주민센터 방문·전화
- 다산콜 (☎ 120), 안심돌봄120 (☎ 1668-0120)

가족 없는 시대

모든 돌봄 서비스는 지역별로 대상, 내용, 이용 기간이 다를 수 있습니다. 반드시 돌봄대상자의 실제 거주지 기준 주민센터에서 확인하세요. 각 사업에 관해서는 보건복지부(mohw.go.kr)와 서울복지포털(wis.seoul.go.kr)에서 자세한 내용을 확인할 수 있습니다.

- 긴급돌봄 지원 사업(보건복지부)
- 일상돌봄 서비스 사업(보건복지부)
- 돌봄SOS 사업 안내(서울복지포털)

5. 1인가구 지원 정책 및 1인가구 지원센터

1인가구 지원 정책은 돌봄 공백, 고립, 위기 상황에 놓이기 쉬운 1인가구를 대상으로 생활·돌봄·관계·안전 영역을 지원하기 위한 지자체 중심 정책입니다. 1인가구 지원 사업의 내용·대상·이용 기준은 지자체별로 다르며, 모든 지역에 동일한 서비스가 있는 것은 아닙니다.

① 1인가구 지원센터란?
  지방자치단체가 운영하거나 위탁하여 운영하는 기관으로, 1인가구의 생활 안정과 돌봄 공백 예방을 위한 지역 거점 창구입니다. 지역에 따라 다음과 같은 서비스를 제공합니다.
  - 병원 동행 지원
  - 일시적 돌봄·안부 확인
  - 생활 상담 및 위기 연계
  - 사회적 고립 예방 프로그램
  - 식사·생활지원, 커뮤니티 연계
  - 돌봄·복지 제도 안내 및 신청 연계

② 이용 방법

주소지 관할 주민센터 또는 1인가구 지원센터 문의 지자체별
홈페이지를 통해 사업 확인

CHECK ☑

지자체별 홈페이지를 통해 구체적인 사업을 확인할 수 있습니다.

- 서울시 1인가구 정책 통합 안내 플랫폼 '씽글벙글서울'
- 경기도 1인가구 포털

② 이용 방법

주소지 관할 주민센터 또는 1인가구 지원센터 문의 지자체별
홈페이지를 통해 사업 확인

고령 또는 노인성 질병으로 혼자서 일상생활을 하기 어려운
사람에게 국가가 돌봄 서비스를 제공하여 안정적인 생활을 돕고,
가족·돌봄자의 부담을 덜기 위한 사회보험 제도입니다.

1. 대상

65세 이상 노인, 65세 미만이라 하더라도 치매, 뇌혈관질환,
파킨슨병 등 노인성 질병으로 일상생활 수행이 어려운 경우

• 급여 종류
- 재가급여(집에서 받는 돌봄): 방문요양(신체·가사 도움),
  방문간호, 방문목욕, 주·야간보호(데이케어센터) 등
- 시설급여 (시설 이용): 요양원 등 장기요양시설 입소 서비스
  등급별로 이용 가능한 서비스 종류, 월 이용 한도액이 달라짐

• 장기요양등급 신청 및 절차
- 장기요양인정 신청처: 국민건강보험공단 지사
- 방법: 방문, 우편, 전화, 온라인
- 공단 직원 방문조사: 대상자의 신체 기능, 인지 상태, 일상생활
  수행능력 등을 평가 → 실제 생활 상태를 기준으로 조사 진행
- 등급판정위원회 심의: 조사 결과를 바탕으로
  장기요양등급(1~5등급 등) 결정
- 결과 통지: 장기요양인정서, 개인별 장기요양이용계획서 발급(이
  서류를 기준으로 이용 가능한 서비스와 범위를 확인하게 됨)

2. 장기요양서비스 이용 절차

- 장기요양등급 확인
- 장기요양기관 직접 선택

- 기관과 급여계약 체결
- 서비스 이용 시작
※ 공단이 기관을 지정해주지 않습니다. 돌봄 담당자가 거리, 비용,
　대기 여부, 평판 등을 비교해 선택해야 합니다.

3. 관련정보 확인

국민건강보험 노인장기요양보험 홈페이지(longtermcare.or.kr)

- 제도 안내
- 장기요양인정 신청 및 등급 판정 결과 조회
- 지역별 장기 요양기관 검색
- 급여 기준 및 본인 부담금 안내 등

 정신병원 입원 제도

정신병원의 입원은 본인의 의사에 따른 입원(자발적 입원)과 본인의
의사와 무관하게 이루어지는 입원(비자발적 입원)으로 나뉩니다.
입원 유형에 따라 신청 주체, 필요 서류, 입원 가능 기간이 다릅니다.

1. 자발적 입원

(1) 자의입원
- 환자 본인이 직접 입원을 신청
- 정신건강의학과 전문의 진단 후 입원 결정

(2) 동의입원
- 환자 본인 + 보호의무자 1인의 동의 필요
- 병원에서 동의입원 신청서 작성
- 공통 필요 서류: 환자 본인 신분증, 입원 신청서(병원 양식)

2. 비자발적 입원
환자가 입원을 거부하지만, 자·타해 위험이 크다고 판단될 때 법적
절차에 따라 이루어짐

(1) 보호입원

① 요건
- 정신건강의학과 전문의의 대면 진단 결과 입원 치료가
  필요하다고 판단
- 환자가 입원을 거부하는 경우
- 보호의무자 2인 이상의 신청

② 절차
- 보호의무자 2인이 자필로 보호입원 신청서 작성
- 입원 후 2주 이내, 다른 의료기관 소속 전문의의 추가 진단
- 두 전문의 소견이 일치해야 입원 유지 가능

③ 입원 기간
- 최초 3개월
- 연장 시 정신건강심사위원회 심사 필요

④ 필요 서류
- 환자 및 보호의무자 신분증 사본
- 보호의무자 증명 서류: 가족관계증명서, 주민등록등본,
  후견등기사항증명서 등
- 보호입원 신청서, 전문의 진단서(병원 양식)

CHECK ✔

보호입원 시 보호의무자가 1인인 경우

원칙적으로 보호입원은 보호의무자 2인 이상의 동의가 필요합니다. 다만, 다음과 같은 사유로 보호의무자가 1인뿐인 경우 추가 서류를 통해 1인 보호입원 신청이 가능합니다.

- 보호의무자 1인 인정 사유(예시)
- 가족관계가 단절되어 다른 보호의무자의 소재가 불분명한 경우
- 법적으로 보호의무자가 1인만 존재하는 경우
- 다른 보호의무자가 사망, 해외 체류, 중증 질환 등으로 역할 수행이 불가
  능한 경우
- 가정폭력, 학대 등으로 보호의무자 역할이 현저히 곤란한 경우

가족 없는 시대

추가로 필요한 서류

- 보호의무자 1인 보호입원 신청서(병원 또는 지자체 양식)
- 보호의무자가 1인뿐임을 소명하는 서류
  (가족관계증명서, 제적등본 등)
- 다른 보호의무자의 부재·불가 사유를 설명하는 사유서
- 정신건강의학과 전문의 진단서(입원 필요성 명시)
  병원 또는 관할 지자체 판단에 따라 추가 서류 제출을 요청받을 수 있습니다.

※ 보호의무자 1인 신청은 자동 승인되는 것이 아니며, 의료기관 및 지자체의 개별 판단을 거칩니다. 보호의무자 요건이 충족되지 않는 경우, 행정입원으로 전환될 수 있습니다.

2. 응급입원

자신 또는 타인을 해칠 위험이 큰 정신질환자로 추정되는 경우로, 상황이 매우 급박하여 다른 절차를 진행할 시간이 없을 때 사용

① 절차
   - 의사와 경찰관(또는 구급대원)의 동의를 받아 입원 의뢰

② 입원 가능 기간
   - 최대 72시간(3일)
   - 그 안에 보호입원 또는 행정입원 등 정식 절차로 전환해야 함

③ 필요 서류
   - 응급입원의뢰서
   - 경찰관 또는 구급대원 동의서

3. 행정입원

자신 또는 타인을 해칠 위험이 큰 정신질환자로 추정되는 경우로,
보호의무자가 없거나, 보호의무자 역할을 할 수 없는 경우에 적용.

① 절차
- 시장·군수·구청장에게 진단 및 보호 신청
- 공무원과 정신건강의학과 전문의의 판단에 따라 입원 결정

② 입원 기간
- 최초 3개월
- 연장 시 심사 필요

③ 필요 서류
- 진단 및 보호 신청서
- 행정입원의뢰서

CHECK ▼

　　　정신병원 입원 제도는 환자의 인권 보호와 안전 확보를 동시에 고려하도록 법으로 엄격히 규정되어 있으며, 입원 유형에 따라 절차와 권리 보장 방식이 다릅니다.
국립정신건강센터(ncmh.go.kr)의 '공식 안내' 페이지에서 자세한 내용을 확인할 수 있습니다.

가족 없는 시대

PART 3. 장례·추모 영역

가족이나 가까운 이를 떠나보낸 뒤 우리는 수많은 결정을 내리게
됩니다. 슬퍼할 겨를도 없이 장례 방식, 빈소 여부, 부고, 화장과 장지
등을 선택해야 하는 상황에 처합니다.
장례·추모 영역에서는 갑작스러운 이별 앞에서 반드시 결정해야 하는
것이 무엇인지, 혹은 결정하지 않아도 되는 것은 무엇인지를 구분하는
데 도움이 되는 자료를 준비했습니다.
모두가 같은 방식으로 애도할 필요는 없습니다. 조용한 이별,
최소한의 장례, 장례 없는 작별도 충분히 존중받아야 합니다.

STEP 1 장례·추모 대응 체크리스트
STEP 2 장례·추모 제도 이해하기
STEP 3 장례·장사 지원 관련 공공 제도
STEP 4 장례의 기본 구조와 진행 절차
STEP 5 대안적 장례·추모 방식 소개

1. 사망 확인 및 초기 대응

☐ 사망 장소 확인(장소에 따라 절차가 달라짐)
　→ 병원(요양병원)/시설/자택
☐ 사망진단서 또는 사체검안서 발급 절차 확인
● 자택 사망 시
☐ 119, 112 신고
☐ 경찰 출동 후 자·타살 여부 확인
☐ 검안 의사가 방문해 사체검안서 발급
☐ 자연사로 확인되면 이후 장례 절차 진행
● 병원·시설에서 사망 시
☐ 의료진을 통해 사망진단서 발급
☐ 시설에 협력 의사가 없는 경우 → 장례식장 이송 후 검안
☐ 고인의 소지품 수령 및 인계서 확인
☐ 사망 시각·사망 원인 기록
※ 사망진단서(또는 사체검안서) 없이는 장례식장 이용, 화장 예약, 사망신고 진행이 불가능함

2. 사망신고 및 기본 행정 준비

☐ 사망진단서(또는 사체검안서) 발급 (권장 7~10부)
　→ 장례식장 1부, 화장장 1부, 보험사용 1~3부, 금융기관용
　　1~3부, 기타 상속 절차용 여분 2부
☐ 사망신고 기한 확인 (사망일로부터 1개월 이내)
☐ 필요 서류 준비
　→ 가족관계증명서·기본증명서, 사망진단서/사체검안서,
　　신고인 신분증
☐ 이후 상속·행정 절차를 위한 서류 보관

이 단계에서는 장례 진행에 필요한 최소한의 행정만
확인합니다. 본격적인 사망 이후 행정·상속 절차는 'PART 4
상속·법률 영역'에서 체크리스트와 함께 상세히 안내합니다.

3. 병원과 시설 퇴원·퇴소 절차 및 정산, 집과 유품 정리

☐ 병실·생활실 정리 및 개인 소지품 인수
☐ 병원·시설 비용 정산 및 미정산 내역 확인
　→ 입원비, 간병비, 비급여, 시설 이용료, 대여물품 등
☐ 영수증, 정산서, 퇴원/퇴실 확인서 등 서류 수령
☐ 집 정리(냉장고 음식, 개인 물건, 약)
☐ 법적 유품(서류, 재정 자료, 계약서, 도장, 등기·임대차 관련)
☐ 정서적 유품(사진앨범, 기념물, 편지 등)
☐ 고인의 디지털 유산(휴대폰, 노트북, 계정) 정리 '계획' 세우기
　→ 잠금/본인인증 접근 가능 여부 확인, SNS 삭제/보존/
　　추모계정 전환 등 방향 결정

4. 장례 방식 기본 결정

☐ 장례 방식 결정
　→ 전통장례(삼일장) 혹은 고인이 사전에 선택한 장례 또는
　　장례주관자가 선택한 장례 방식(무빈소, 일일장, 가족장 등)
☐ 조문 받기 여부 결정
☐ 조의금·근조화환 수령 여부 결정

5. 장례식장 · 화장장 예약 및 공공 지원 확인

☐ 장례식장 이용 여부 결정
☐ 장례식장 예약
　→ 안치실 사용 여부 및 빈소 사용 여부

☐ 화장 여부 결정
☐ 보건복지부 'e하늘 장사정보시스템' 접속
　→ 화장장·장지 정보 확인 및 예약 가능 일정 조회
☐ 화장장 예약
　→ 주소지 기준 우선 예약 가능 여부 확인
☐ 지자체 화장·장지 비용 지원 여부 확인
　→ 거주지 기준 감면·지원 제도 확인, 대상 요건 및 지원 금액
　　확인(화장장·장지는 지역별로 대기 기간과 지원 기준이 달라
　　가능한 한 빠르게 확인하는 것이 중요)

6. 장례 준비 세부 사항 협의

장례식장·상조·장례지도사와 구체적 논의

☐ 상조 가입 여부 확인
☐ 상조에 고인 사망 소식 전달
☐ 장례지도사 배정 여부 확인
☐ 빈소 운영 방식 확정
☐ 수의 선택
☐ 관 종류(일반/친환경 등) 선택
☐ 유골함(봉안함) 선택 → 장지에 따라 규격 확인
☐ 영정사진 준비
☐ 상복 선택
☐ 장례용품(제단, 꽃, 향) 확인
☐ 음식 제공 여부 결정
☐ 장례 예산 최종 확인

7. 부고장(부고문자) 발송 관리

☐ 부고 발송 여부 결정
☐ 발송 범위 설정 → 부고를 보내지 않을 사람·그룹 정하기

☐ 부고 문구 작성 → 빈소·입관·발인 일정 포함 여부
☐ 단체방·SNS 공지 여부 결정

8. 입관·발인·운구 준비

☐ 입관 일정·절차 확인
☐ 입관 참여 인원 결정
☐ 발인 일정 확정
☐ 운구 인원 확정(4~6명 권장) 및 동선 확인(빈소 ▸ 발인 ▸ 화장장 ▸ 장지)
☐ 영구차(운구 차량) 예약 시간 확인
☐ 참여자 일정 및 집결 시간 공유

9. 장지 결정(화장 이후 안치 방식 선택)

☐ 장지 방식 결정
    → 봉안당(납골당), 수목장/화초장/잔디장, 유택동산, 해양장 등
☐ 장지 위치·거리 확인
☐ 장지 비용 및 관리 조건 확인

10. 장례 종료 후 정리

☐ 장례비 정산
☐ 장례식장·화장장·장지 관련 서류 수령
☐ 감사 인사 전달 여부 결정
☐ 이후 일정 정리
    → 기일, 종교 의식, 개인 추모 일정
☐ 추모와 애도 선택
☐ 별도의 추모식 진행 여부 선택
☐ 온라인·비공개 추모 여부 결정

체크리스트에 등장하는 장례·행정·추모 제도들을 한눈에 이해하고,
나와 고인에게 맞는 이별의 방식을 스스로 결정할 수 있도록 돕는
안내서입니다. 무엇을 선택할 수 있는지, 무엇을 하지 않아도
되는지를 다룹니다.

1. 장례를 주관할 수 있는 사람(장례주관자)

장례는 〈장사 등에 관한 법률〉에 따라 연고자가 주관할 수
있습니다. 연고자는 가족에 한정되지 않으며, 사망 전 고인을
치료·보호·관리하던 기관의 장, 연고자가 아니더라도 시신이나
유골을 사실상 관리하는 사람, 고인과 실질적인 관계를 맺고
있었던 사람 역시 장례를 주관할 수 있습니다. 자세한 내용은 〈장사
등에 관한 법률〉(law.go.kr/법령/장사등에관한법률)에서 확인할
수 있습니다.

2. 사망신고 제도

사망신고는 법적 의무 행위이며, 장례·상속·행정 절차의
출발점입니다.

① 신고 기한: 사망 사실을 안 날로부터 1개월 이내

② 신고 장소:
   - 사망자의 등록기준지·주소지·현재지
   - 시(구)·읍·면·동 행정복지센터
   - 사망지·매장지·화장지 관할 주민센터도 가능

③ 신고 의무자: 사망자와 동거하던 친족

④ 신고 가능자: 동거하지 않은 친족, 동거인, 사망 장소 관리자 등

⑤ 필요 서류: 사망진단서(또는 사체검안서) 원본, 신고인 신분증

3. 사망진단서와 사체검안서의 차이

두 서류 모두 사망을 증명하는 공식 문서이지만, 발급 상황과
의미가 다릅니다.

① 사망진단서
- 발급 주체: 고인을 진료하던 의사
- 발급 상황: 병원 치료 중 사망, 병사
- 특징: 사망 원인이 명확히 기재됨

② 사체검안서
- 발급 주체: 사망을 확인한 의사(응급실, 지역 의사 등)
- 발급 상황: 자택 사망, 외인사, 병원 외 사망
- 특징: 사인이 '추정' 또는 '미상'으로 기재될 수 있음

※ 사망진단서·사체검안서는 장례식장 이용, 화장장 예약,
사망신고, 보험금 청구, 연금·급여 정리 등 여러 행정·금융
절차에서 반복 제출을 요구받는 경우가 많습니다. 원본 제출을
요구하는 곳도 있으므로, 초기에 여러 부를 발급받아 보관해두는
것이 이후 절차에 수월할 수 있습니다.

 가족 없는 시대

1. 자택 사망 시 경찰·검안 절차

자택에서 사망한 경우에는 반드시 경찰 확인과 검안 절차를 거쳐야
장례를 진행할 수 있습니다.

① 112 또는 119 신고
   - 자택 사망 사실 신고

② 경찰 출동 및 현장 확인
   - 자·타살/사고 여부 확인
   - 변사 여부 판단
   - 사인이 명확한 자연사이고 범죄 혐의점이 없을 경우 경찰이
     검사 지휘서(또는 검시필증) 발급

③ 검안의 방문 및 검안
   - 시신 검안 후 사체검안서 발급

④ 자연사로 최종 확인되면 장례 절차 진행 가능
   - 자연사로 보이더라도 경찰·검안 절차 없이 임의로 장례를
     시작할 경우 법적 문제가 발생할 수 있으므로 반드시 공식
     절차를 거쳐야 함

재택임종이란?

재택임종은 고인과 가족이 집이라는 익숙한 공간에서 삶의 마지막 시간을 보내는 선택입니다. 재택의료 서비스(왕진·방문진료, 방문간호)를 통해 통증·증상 관리와 돌봄 상담 등 집에서도 필요한 의료 지원을 이어갈 수 있는 환경이 점차 마련되고 있습니다.

다만 재택임종을 선택하더라도 사망 후에는 경찰 확인과 검안 절차가 반드시 필요하며, 자연사로 보이는 경우에도 예외는 없습니다. 따라서 재택임종을 고려하고 있다면 재택의료 연계와 사후 절차까지 함께 미리 준비하는 것이 좋습니다.

2. 한국장례문화진흥원(kfcpi.or.kr)

보건복지부와 함께 국가 장사정책과 장례 지원 업무를 수행하는 공공기관

- 장례 절차 전반 안내
- 장례용품 및 가격 정보 제공
- 장사시설 정보 제공
- 장례 관련 정책 안내
- 문의: 장사지원센터 ☎ 1577-4129, 공영장례 상담 ☎ 02-6930-9343

3. 보건복지부 e하늘 장사정보시스템(15774129.go.kr)

국가가 운영하는 장사통합 정보 시스템으로, 화장·봉안·자연장 등 장례 이후 절차를 예약·조회할 수 있습니다.

- 화장장 예약 및 대기 일정 확인
- 봉안당·자연장지 정보 조회

   가족 없는 시대

- 장지 위치, 이용 조건, 비용 확인
- 사망자 주소지 기준 우선 예약 여부 확인
※ 화장장은 지역별 수요 차이가 크기 때문에 사망 직후 가장 먼저 확인해야 함

4. 지자체 장례·장지 비용 지원 제도

각 지방자치단체는 조례에 따라 화장비·봉안비·자연장 비용을 지원 또는 감면합니다.

① 지원 대상: 기초생활수급자, 차상위계층, 무연고 사망자 등

② 지원 내용: 화장비 전액 또는 일부, 봉안당 사용료 감면 등

③ 확인 방법: 고인의 실제 거주지 기준 주민센터 문의
※ 지원은 자동 적용되지 않으며, 반드시 직접 확인·신청해야 합니다.

5. 무연고 사망자 장례 지원 제도

연고자가 없는 경우, 시장·군수·구청장이 조례에 따라 장례를 진행합니다. 지자체는 장례 절차에 대해 행정적·재정적 지원을 할 수 있습니다.

한국장례문화진흥원(kfcpi.or.kr) 무연고 사망자 장례지원 (공영장례) 안내 페이지에서 자세한 내용을 확인할 수 있습니다.

6. 상조 가입 여부 확인(공공조회 서비스)

고인이 상조에 가입했는지 확인하면 중복 계약이나 불필요한 비용
발생을 예방할 수 있습니다.

- 공정거래위원회 '내 상조 찾아줘' 서비스(mysangjo.or.kr)
- 이용 방법: 본인 인증 조회(이름, 생년월일, 휴대전화) 후
  상조회사명 직접 검색(은행 보전형 상조는 해당 은행을 통해 별도
  확인 필요)
- 본인 명의 상조 가입 여부
- 상조회사명 및 납입 내역
- 선수금 보전기관(공제조합 또는 은행)
- 상조회사 폐업 시 피해보상금 신청 안내
- '내 상조 그대로' 서비스(다른 상조로 이전)

 장례의 기본 구조와 진행 절차

1. 장례 방식의 선택

(1) 전통장례(일반적인 삼일장)

한국에서 가장 일반적인 장례 방식으로, 빈소를 마련하고 조문을 받으며 3일 동안 단계적으로 진행됩니다.

① 안치 및 빈소 준비(Day 1)
- 고인을 장례식장 안치실에 모심
- 사망 장소(병원/시설/자택)에 따라 운구 방식 결정
- 장례식장 계약 및 전체 일정 확정
- 영정사진, 제단, 헌화 공간 등 빈소 구성
- 조문은 빈소가 마련되는 즉시 1일 차부터 가능
- 조문 범위 결정 후 부고 발송 여부 선택

② 입관 및 조문(Day 2)
- 염습(고인의 몸을 정갈히 닦고 수의를 입힘)
- 관에 고인을 모시는 입관 의식 진행
- 종교의식 병행 가능
- 조문객이 가장 많은 날로, 조문 응대 및 추모 일정 운영

③ 발인, 운구, 화장·장지(Day 3)
- 발인 의식 후 고인을 보내는 마지막 작별
- 운구차를 이용해 화장장 또는 장지로 이동
- 화장 후 유골함에 안치
- 봉안당(납골당), 자연장, 유택동산 등 장지 선택 후 장례 종료

2. 고인이 사전에 선택했거나 장례주관자가 선택한 장례

최근에는 고인의 뜻이나 유가족의 상황에 따라 전통적인 삼일장이

아닌 다양한 방식의 장례가 선택되고 있습니다.

① 일일장: 임종 후 발인까지의 모든 장례 절차(안치, 염습, 입관, 발인 등)를 하루 동안 모두 끝내는 간소화한 장례입니다.

② 무빈소 장례: 별도의 빈소를 차리지 않고, 조문객을 받지 않거나 받더라도 매우 적은 수의 지인만 초대하여 진행하는 장례입니다.

③ 가족장: 많은 조문객을 맞이하는 대신, 가족과 가까운 친지 등 소수의 인원만 참석하여 진행하는 장례입니다.

2. 장례 준비의 주요 항목

(1) 상주와 상복에 대한 이해
- 상주는 장례를 대표해 조문을 맞이하는 역할로, 반드시 남성일 필요는 없으며 여성 상주도 가능합니다. 법적으로는 상주를 특정 가족관계로 제한하지 않습니다.
- 상복은 전통 상복 외에도 검정 정장 등 간소화된 복장을 선택할 수 있으며, 가족 간 합의를 통해 기준을 정하는 것이 좋습니다.

(2) 안치실·빈소 이용 여부
안치실은 고인을 임시로 모시는 공간으로, 모든 장례에서 기본적으로 이용됩니다. 빈소는 조문객을 맞이하고 고인을 추모하는 공간으로, 반드시 차려야 하는 것은 아닙니다.
- 장례는 안치실만 이용, 안치실과 빈소 이용, 빈소를 차리지 않는 무빈소 장례 중 선택할 수 있습니다.
- 장례식장과 계약 시에는 사용 시간, 비용, 연장 기준을 함께 확인하는 것이 중요합니다.

    가족 없는 시대

한국장례문화진흥원(kfcpi.or.kr)의 '장사정보마당' 페이지에서 장례 절차와 제도에 대한 자세한 내용을 확인할 수 있습니다.
- 장례 절차와 방법
- 자연장 제도
- 장례문화와 장사정책
- 장례 관련 용어 설명

3. 고인을 위한 선택

① 수의: 고인이 생전에 원했던 옷이나, 전통·개량·친환경 수의 중 선택 가능

② 관: 일반 관 또는 친환경 관 등, 화장·장지 방식에 따라 선택 기준이 달라질 수 있음

③ 유골함(봉안함): 봉안당, 자연장, 해양장 등 장지 방식에 맞는 규격 확인 필요

④ 영정사진: 생전 사진을 활용할 수 있으며, 장례식장 또는 외부에서 보정·출력 가능

4. 부고장(부고문자) 및 조문감사 발송 관리

부고와 조문 감사 문자는 의무가 아니라 선택입니다. 장례 방식과 관계없이, 고인과 남은 사람들의 상황에 맞게 범위와 방식을 정하면 됩니다.

부고·감사 문자 작성 TIP

• 부고 문자 안내(예시)

○○○님께서 ○○○○년 ○월 ○일 ○시 ○분에 별세하셨기에 알려드립니다.
빈소: ○○장례식장 ○○실 (무빈소 장례일 경우 '빈소 없음' 명시 가능)
발인: ○○○○년 ○월 ○일 ○시
장지: ○○○
가족: ○○○

• 조문 감사 문자 안내(예시)

삼가 인사드립니다.
지난 ○월 ○일, 저희 ○○○님 장례에 바쁘신 중에도 따뜻한 위로와 마음을 전해주셔서 덕분에 장례를 무사히 마칠 수 있었습니다.

직접 찾아뵙지 못해 서면으로 감사 인사 전하는 점 너그러이 헤아려 주시기 바라며, 귀댁에 늘 건강과 평안이 함께하시길 기원합니다.
○○○○년 ○월 ○일
○○○ 올림

※ 감사 문자는 모든 조문객에게 보내지 않아도 괜찮습니다. 연락이 부담스러운 경우, 생략하거나 일부에게만 보내도 무방합니다.

5. 입관·발인·운구 준비

입관과 발인, 운구는 고인을 마지막으로 모시는 과정입니다. 이 과정에 참여할 사람들은 숫자보다 관계와 상황을 기준으로 정하는 것이 좋습니다.

① 입관 절차 이해하기

입관은 고인의 몸을 정갈하게 모셔 관에 안치하는 과정입니다.
보통 염습(몸을 닦고 수의를 입히는 과정) 이후 진행되며,
장례지도사의 안내에 따라 이루어집니다. 입관에 참여하는
인원은 일반적으로 2~5명 내외가 많지만, 반드시 많은 인원이
참여해야 하는 것은 아닙니다. 가족, 가까운 지인 등 고인과
관계가 깊은 사람 중심으로 선택하면 충분합니다.

② 발인과 운구 절차 이해하기

발인은 고인을 장례식장에서 보내는 공식적인 출발 절차입니다.
발인 시간은 화장장 예약 시간에 맞춰 정해지며, 이때 마지막
인사, 헌화, 종교 의식이 함께 이루어질 수 있습니다.
운구는 고인을 관에 모신 상태로 빈소(또는 안치실)에서
운구차(영구차)로, 그리고 화장장이나 장지로 이동하는
과정입니다. 전통적으로는 가족이나 지인이 운구에
참여해왔지만, 현재는 장례식장 인력이나 전문 인력의
도움만으로도 충분히 진행할 수 있습니다. 가족이나 지인에게
운구 도움을 요청할 경우 체력·연령·정서적 부담을 고려해
진행할 수 있습니다.

입관과 운구에는 정답이 없습니다. 어떻게 진행할 것인지와
관련해서는 전통이나 관습보다 고인의 뜻과 가족의 현실이 우선되어야 합
니다. 운구를 부탁하는 것이 부담스럽다면 전문가에게 맡기는 것도 충분
히 고려할 수 있습니다. 장례는 겉치레를 과시하는 행사가 아니라 고인에
대한 존중의 과정이라는 점을 기억할 필요가 있습니다.

6. 장지 결정

장지는 고인의 뜻, 가족의 감정, 관리 가능성을 함께 고려해
결정합니다.

① 봉안당(납골당): 실내 봉안시설에 유골함을 안치하는 방식으로,
가장 보편적으로 이용됩니다. 날씨나 계절의 영향을 받지 않고
관리가 안정적이며, 접근성이 좋은 것이 특징입니다. 사용
기간과 관리비는 시설 유형(공공/사설)에 따라 다릅니다.

② 자연장: 화장 후 유골을 자연 속에 안치해 자연으로 돌아가게
하는 방식으로, 수목장·화초장·잔디장과 함께 해양장(바다장),
유택동산(공공 산골장)까지 모두 자연장에 포함됩니다.

③ 수목장·화초장·잔디장: 개별 묘지 조성 대신 지정된 자연
공간이나 공공 장사시설을 활용하며, 환경 훼손을 최소화하고
관리 부담을 줄이기 위한 장례 방식입니다.

④ 해양장(바다장): 지정된 해역에서 선박을 이용해 바다에
산포하는 자연장 방식입니다. 해양장은 선박 운항을 전제로
하기 때문에, 운영 방식상 한 차례 운항에 여러 고인의 해양장을
함께 진행하는 '합동(공동) 형태'로 이루어지는 경우가
일반적입니다. 또한 기상·해역 조건에 따라 일정이 조정되거나
취소될 수 있으므로, 사전에 진행 방식과 일정 변경 가능성을
충분히 안내받고 결정하는 것이 필요합니다.

⑤ 유택동산(공공 산골장): 허가된 공공 장사시설에서 유골을
산분(산골) 할 수 있도록 마련된 제도적 공간입니다. 전통적인
산골 방식을 합법적으로 가능하게 한 대안으로, 비용이 없거나
매우 저렴한 경우가 많습니다.

 대안적 장례·추모 방식 소개

전통적인 장례 이외에도 상업화된 장례 문화에서 벗어나 고인의 삶과
가치에 초점을 맞춘 장례 방식을 선택하려는 움직임이 늘고 있습니다.
이러한 흐름 속에서 등장한 대안적 장례는 규모나 형식보다 존엄한
이별과 추모의 의미를 중심에 둡니다.
한겨레두레협동조합의 '채비장례'는 이러한 대안적 장례를 실천하는
사회적 장례 서비스 중 하나입니다. 조합원 중심으로 운영되며,
추모형 작은 장례, 무빈소 장례, 일회용품 사용을 줄인 장례, 성평등한
역할 분담을 지향하는 장례 등 다양한 선택지를 제시합니다. 전문
장례지도사가 절차 전반을 안내해, 가족이나 장례주관자가 과도한
부담을 지지 않도록 돕는 것이 특징입니다.
채비장례는 폭리 구조 개선, 장례의 과도한 상업화에 대한 문제의식,
그리고 인간다운 삶의 마무리라는 사회적 가치를 강조합니다.
1인가구 증가, 가족 형태의 변화 등 현실을 반영한 맞춤형 장례 방식도
함께 고민하고 있습니다.

이는 공공제도는 아니며, 장례 방식의 선택지 중 하나로 참고할 수
있는 민간·사회적 서비스입니다. 장례 방식에는 정답이 없으며,
고인과 남은 사람들에게 가장 맞는 형태를 선택하는 것이 중요합니다.

PART 4. 상속·법률 영역

상속·법률 영역에서는 사망신고 이후부터 상속의 마무리까지,
혼자라도 헤매지 않도록 순서와 선택지를 명확하게 안내하고자
했습니다. 상속받는 것을 선택할 수도, 그렇지 않을 수도 있습니다.
어느 쪽이든 중요한 것은 책임의 범위를 정확히 아는 것입니다.

1. 사망 직후 기본 행정 확인(장례 종료 후 바로)

□ 고인 사망신고 완료
□ 고인 주민등록증 반납
□ 고인 주민등록 말소 처리 확인
□ 사망진단서/사체검안서 원본 여러 부 보관
□ 이후 상속·행정 절차를 위한 서류 정리 시작

2. 안심상속 원스톱 서비스 신청(상속 판단 핵심)

□ 정부24 또는 주민센터에서 신청
□ 금융계좌·예금·적금·펀드 조회
□ 보험 가입 여부 확인(생명, 손해, 실손, 단체)
□ 국세·지방세 체납 여부
□ 차량·부동산 등록 여부
□ 고인의 채무·보증·대출 정보 확인

3. 상속인·범위 확정 서류 준비

□ 고인 가족관계증명서(상세)
□ 고인 기본증명서(상세)
□ 고인 제적등본(친가·외가 확인)
□ 고인 주민등록 말소자 초본(주소 변동 전체 포함)
- 부·모 각각 제적등본으로 친가/외가 상속 범위까지 확인 필요

4. 재산·채무·보험 상세 정리

□ 예금·계좌·카드·적금·펀드 확인
□ 대출·보증·연대채무 여부
□ 세금 체납, 과태료, 미납금
□ 사업자등록·공장·사무실 여부
□ 법인 지분·주주명부 존재 여부
□ 보험(수익자, 보험금, 보험계약대출, 미납료) 확인
□ 법적 효력 유품(도장, 계약서, 등기·임대차 관련) 확인

5. 법률·세무 상담 창구(상속 '결정' 전에)

□ 대한법률구조공단 무료 상담
□ 지자체 무료 법률 상담(예약)
□ 변호사회 상담
□ (과세 가능성 있으면) 세무사 상담
□ 고인 사망 전 증여·재산이전 이력 있으면 세무사 상담 권장

CHECK ☑

세무사 상담 권장 기준

- 일괄공제 5억(자녀 수와 무관)
- 배우자 생존 시 배우자상속공제 추가 적용 가능
- 재산이 5억 전후 이상이거나 부동산·보험금·주식을 포함하고 있다면
  상담 권장

---

6. 상속 선택 판단 및 진행 방식 선택(같이 결정)

□ 상속재산 규모 vs 채무 규모 비교
□ 상속세 신고/과세 가능성 검토

     가족 없는 시대

□ 상속인 다수면 협의분할 필요 여부 점검
□ 진행 방식(단독 진행/변호사 선임) 선택

● 변호사 권장 상황
- 상속인 관계 복잡(해외, 연락두절, 소재불명 등)
- 채무 다수·소송 가능성
- 사업자·법인·부동산 포함
- 한정승인 공고·배당 절차 필요
- 법원 보정명령 반복

7. 단순승인/한정승인/상속포기 중 택1(기한 주의)

□ 단순승인: 고인의 재산과 빚 모두를 상속받는 것(빚이 재산보다 많더라도 그 빚까지 상속)
□ 한정승인: 상속재산 범위 내에서만 채무 책임
□ 상속포기: 재산·채무 모두 승계하지 않음
※ 사망일로부터 3개월 이내에 선택 후 관할 가정법원에 심판청구

8. 가정법원 제출 서류 체크

① 피상속인(고인) 기준
　□ 가족관계증명서(상세)
　□ 기본증명서(상세)
　□ 주민등록 말소자 초본(주소 변동 포함)

② 신청 상속인 기준
　□ 가족관계증명서(상세)
　□ 기본증명서(상세)
　□ 주민등록초본(주소 변동 포함)
　□ 인감증명서 또는 본인서명사실확인서

☐ (변호사 선임 시) 위임장(인감 날인)
※ 발급 주의: 3개월 이내, 주민번호 전체, 상세 발급

9. 전자소송포털 활용 (진행 확인·채권 대응)

☐ 전자소송포털로 사건 조회 및 진행 확인
☐ 심판문·확정증명원 발급 및 제출

• 채권자 소장·지급명령 수령 시
☐ 사건 확인 → 소명서 제출
☐ 단순승인· 한정승인· 상속포기 심판문 + 확정증명원 첨부

장례가 끝난 뒤, 무엇을 확인하고 어떤 결정을 내려야 하는지를
정리해둔 사망 이후의 법·제도 안내 지도입니다. 안심상속 원스톱
서비스부터 단순승인·한정승인·상속포기, 가정법원 절차, 전자소송
대응, 법률·세무 상담까지 체크리스트에 등장하는 제도들을
안내합니다. '혼자서도 판단할 수 있는 기준'과 '전문가 도움이 필요한
지점'을 구분함으로써 불안한 상황에서도 당장 꼭 내려야 하는 결정을
놓치지 않고, 기한과 절차를 지켜 실수 없이 진행할 수 있도록 돕고자
합니다.

1. 안심상속 원스톱 서비스 안내

안심상속 원스톱 서비스는 사망자의 재산과 채무 정보를
상속인이 한 번의 신청으로 통합 조회할 수 있는 제도입니다. 상속
여부(단순승인, 한정승인, 상속포기)를 판단하기 위한 가장 기본이
되는 절차로, 사망신고와 함께 진행하는 것이 가장 효율적입니다.

① 조회 대상
   - 금융거래: 예금, 보험, 증권 등
   - 부동산: 토지, 건축물
   - 자동차 등록 정보
   - 국세·지방세 체납 내역
   - 국민연금 가입 및 수급 정보 등
   ※ 단, 개인 간 채권·채무(사채, 개인 대여금 등), 현금, 귀중품
   등 개인 유체동산은 조회 불가능

② 신청 방법
   - 방문 신청: 가까운 시·군·구청 또는 읍·면·동 행정복지센터
   (신분증 지참)
   - 온라인 신청: 정부24(gov.kr) 접속 → 공동인증서 로그인 →
   '사망자 재산조회 통합처리 신청' 작성

③ 신청 시기
   - 사망신고와 동시에 신청 권장
   - 사망일이 속한 달의 말일부터 1년 이내에 신청 가능

④ 결과 확인 소요 기간
   - 즉시 확인: 건축물, 자동차
   - 7일 이내: 토지, 지방세
   - 20일 이내(약 2~4주): 금융정보, 국세, 국민연금
   - 조회 항목별로 각 기관에서 개별 통지

CHECK ☑

정부24(plus.gov.kr)의 '사망자 및 피후견인 등 재산조회 통합처리 신청'(안심상속) 페이지에서 자세한 내용을 확인할 수 있습니다.

가족 없는 시대

1. 상속 범위

상속포기를 하면 상속권이 친가·외가 양쪽으로 연쇄 이동하기 때문에 피상속인의 가족 계보 전체를 정확히 파악해야 합니다.

2. 상속 순위

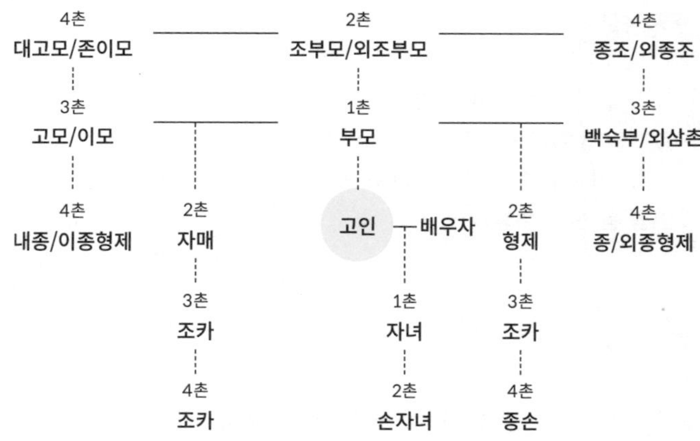

1순위 → 직계비속(자녀 등)

2순위 → 직계존속(부모, 조부모)

3순위 → 형제자매

4순위 → 사촌·4촌 방계혈족

4순위 이후에도 상속인이 없으면 국가 귀속

CHECK ✓

찾기쉬운 생활법령정보(easylaw.go.kr)의 '상속' 페이지에서 자세한 내용을 확인할 수 있습니다.

 제적등본

제적등본은 현행 가족관계등록부 제도로 대체되기 이전(구 호적법
체계)의 기록 체계로, 혼인·사망·국적 변동 등으로 호적에서 빠지게
된 사람(제적자)의 출생부터 각종 변동 사항까지 전체 이력이
담긴 문서입니다. 상속 관계를 정확히 확인하려면 피상속인(고인)
서류만으로 부족한 경우가 많으므로, 부·모 각각의 제적등본을 함께
발급해 친가·외가의 상속 범위를 함께 검토하는 것이 중요합니다.

1. 주요 특징

- 과거 호적 기록 전체 증명 문서
- 일부만 증명하는 경우는 제적초본
- 포함 내용: 본적, 호주 및 가족 구성 관계, 출생·혼인·사망·국적
  변동 등 신분 변동 이력

2. 발급 방법

- 온라인: 대한민국 법원 전자가족관계등록시스템
- 오프라인: 정부24 또는 관할 시·군·구청

   가족 없는 시대

 공공 전문가 무료 상담 지원 제도

상속·채무·세금 문제는 초기 판단이 매우 중요하지만, 모든 사람이 곧바로 변호사나 세무사를 선임하기는 어렵습니다. 아래 제도들은 비용 부담 없이 기본적인 법률·세무 판단을 받을 수 있는 공공 상담 창구입니다.

1. 법률 무료 상담 지원

(1) 대한법률구조공단(klac.or.kr)
경제적 사정이나 법률 지식 부족으로 법의 보호를 충분히 받기 어려운 국민을 대상으로 무료 법률 상담과 소송 지원을 제공합니다.

① 지원 내용
- 무료 법률 상담
- 소송 서류 작성 지원
- 민사·가사 사건 소송 대리
- 형사 사건 무료 변호(요건 충족 시)

② 상담 방법
- 방문 상담(사전 예약 권장)
- 전화 상담: ☎ 132
- 온라인 상담

2. 지방자치단체 무료 법률 상담
많은 시·군·구청에서 변호사·법무사 무료 상담실을 운영합니다.

① 이용 방법
- 거주지 관할 시·구청 홈페이지 확인
- 민원실 문의 후 예약

② 상담 범위

   - 상속, 채무, 가족관계, 생활법률 전반

2. 세무 무료 상담 지원

(1) 국세청

상속세·소득세 등 국세 전반에 대한 무료 상담을 제공합니다.

① 국세상담센터: ☎ 126

   - 상속세, 증여세, 소득세, 부가가치세 등 기본 안내

② 영세납세자 지원단

   - 대상: 세무대리인이 없는 영세 개인사업자·중소법인 등

   - 내용: 세무사·회계사의 무료 세무 자문

   - 신청: 홈택스(hometax.go.kr) 또는 손택스(홈택스 앱)

(2) 지방자치단체 세무 상담

   - 지방세(취득세, 재산세 등) 상담

   - 국세 연계 상담을 위해 세무사 무료 상담을 운영하는 지자체도
    있음

   - 이용 방법: 관할 지자체 홈페이지 또는 세무과 문의

가족 없는 시대

 대한민국 법원 전자소송포털

법원에 직접 방문하지 않고도 소장·신청서 제출, 각종 서류 제출,
송달 확인, 사건 진행 조회, 결정문(판결문) 확인 등을 온라인으로
처리할 수 있는 통합 사법 서비스입니다. 상속포기·한정승인과
같은 가정법원 사건의 경우에도, 접수 이후에는 사건의 진행
단계와 보정명령, 송달 문서 등을 확인하는 공식 창구로
활용됩니다.

1. 접속 및 로그인

- 접속 주소: 전자소송포털(ecfs.scourt.go.kr)
- 로그인 방법: 공동인증서(구 공인인증서) 등 본인 인증 수단을
이용해 로그인

2. 상속포기 사건 진행 상황 확인 방법

- 로그인 후 메뉴에서 '나의 사건 관리' 또는 '사건 검색' 등을 통해
사건 조회 가능
- 사건번호를 모를 경우에는 신청인(당사자) 이름 등으로 조회할
수 있으며, 조회 가능 범위는 사건 상태에 따라 달라질 수 있음

3. 전자소송포털에서 확인할 수 있는 주요 내용

- 접수일, 담당 재판부, 사건 진행 단계
- 제출 서류 목록 및 접수 여부
- 송달 내역(전자송달 문서 포함)
- 보정명령 또는 추가 제출 요청 여부
- 결정(심판) 결과 및 관련 문서 확인(가능한 범위 내)

4. 상속포기 신청 후 반드시 확인해야 할 사항

- 접수증명원 발급 및 보관(신청 사실을 증명하는 공식 자료)
- 전자송달 문서함 수시 확인(보정명령이 있을 경우 기한 내 대응 필요)
- 제출한 서류가 '정상 접수' 상태로 처리되었는지 여부 확인

5. 사건번호를 모를 경우
- 전자소송포털 로그인 후 '나의 사건' 메뉴에서 조회 가능한지 먼저 확인
- 온라인 확인이 어려운 경우에는 관할 법원 종합민원실에 신분증을 지참해 문의하면 사건 확인 가능

가족 없는 시대

초판 1쇄 펴낸날	2026년 2월 13일
지은이	차해영
펴낸이	박재영
편집	임세현·이다연
디자인	조하늘
제작	제이오
펴낸곳	도서출판 오월의봄
주소	경기도 파주시 회동길 513 203호
등록	제406-2010-000111호
전화	070-7704-2131
팩스	0505-300-0518
이메일	maybook05@naver.com
X(트위터)	@oohbom
블로그	blog.naver.com/maybook05
페이스북	facebook.com/maybook05
인스타그램	instagram.com/maybooks_05
ISBN	979-11-6873-173-8 03300

만든 사람들
책임편집	임세현
디자인	조하늘